Ezequiel

# Elena Di Pede

# Ezequiel

Tradução
Benno Brod, SJ

ABC da BÍBLIA

Edições Loyola

Título original:
*Ézéchiel*
© Les Éditions du Cerf, 2021
24, rue des Tanneries, 75013, Paris, France
ISBN 978-2-204-14042-3

Dados Internacionais de Catalogação na Publicação (CIP)
(Câmara Brasileira do Livro, SP, Brasil)

---

Pede, Elena Di
  Ezequiel / Elena Di Pede ; tradução Benno Brod. -- São Paulo : Edições Loyola, 2024. -- (ABC da Bíblia)

  Título original: Ézéchiel.
  Bibliografia.
  ISBN 978-65-5504-397-6

  1. Bíblia. A.T. Ezequiel - Crítica e interpretação I. Título. II. Série.

| 24-220764 | CDD-224.406 |
|---|---|

Índices para catálogo sistemático:
1. Ezequiel : Livros proféticos : Bíblia :
   Interpretação e crítica                 224.406

Tábata Alves da Silva - Bibliotecária - CRB-8/9253

---

**Preparação:** Paulo Fonseca
**Capa:** Ronaldo Hideo Inoue
  *O profeta Ezequiel e a visão do vale dos ossos secos*,
  óleo sobre tela (c. 1589), obra atribuída a Quentin
  Metsys the Younger (c. 1543-1589). Foto do Auktion
  Dorotheum Wien. © Wikimedia Commons.
**Diagramação:** Sowai Tam
**Revisão técnica:** Danilo Mondoni, SJ

**Edições Loyola Jesuítas**
Rua 1822 n° 341 – Ipiranga
04216-000 São Paulo, SP
**T** 55 11 3385 8500/8501, 2063 4275
**editorial**@loyola.com.br
**vendas**@loyola.com.br
www.loyola.com.br

*Todos os direitos reservados. Nenhuma parte desta obra pode ser reproduzida ou transmitida por qualquer forma e/ou quaisquer meios (eletrônico ou mecânico, incluindo fotocópia e gravação) ou arquivada em qualquer sistema ou banco de dados sem permissão escrita da Editora.*

ISBN 978-65-5504-397-6

© EDIÇÕES LOYOLA, São Paulo, Brasil, 2024

101810

# Sumário

Introdução ................................................................................. 7

Capítulo 1
Antes de abrir o livro ............................................................... 9

Capítulo 2
Resumo e estrutura do livro ................................................... 17

Capítulo 3
O livro de Ezequiel ................................................................. 31

Capítulo 4
O povo no exílio ..................................................................... 45

Capítulo 5
Levantar-se, comer, falar e calar: a missão do profeta ........... 59

Capítulo 6
Do caos à clareza .................................................................... 71

Capítulo 7
Metáforas familiares ligadas à nudez (Ez 16 e 23) ................. 85

**Capítulo 8**
Gog, Magog e os oráculos contra as nações ................................. 99

**Capítulo 9**
A justiça ........................................................................................ 111

**Capítulo 10**
A recepção do livro de Ezequiel .................................................. 123

**Capítulo 11**
O livro de Ezequiel, chave para compreender
nossa cultura ................................................................................ 127

Conclusão ..................................................................................... 131

Anexos .......................................................................................... 133
    *Léxico* ...................................................................................... 133
    *Cronologia* .............................................................................. 135
    *Mapas* ..................................................................................... 136

Bibliografia ................................................................................... 139

# Introdução

É desconcertante o livro que traz o nome de Ezequiel? Com certeza. De fato, desde a primeira página o leitor está diante de uma linguagem difícil, e mesmo obscura, com visões que são simultaneamente barrocas e surrealistas. Como personagem histórico, no melhor dos casos o profeta chegou a ser considerado um excêntrico ou um iluminado, e no pior dos casos até um doente mental. Inclusive o livro não deixou de ter problemas para ser aceito no cânon das Escrituras.

Tal como como os leitores antigos, também o leitor de hoje pode se desencorajar bem depressa diante de uma forma tão particular de o autor se expressar. Tentado a desistir, talvez feche o livro. Entretanto, a complexidade, que é apenas aparente, faz intimamente parte da mensagem profética de Ezequiel, o terceiro dos três grandes profetas bíblicos, junto com Isaías e Jeremias. Com efeito, a própria situação do povo ao qual ele se dirige é complexa, confusa, e mesmo caótica: exilado na Babilônia, com seus pontos de referência estáveis destruídos, longe de sua terra e das seguranças de antes, o povo vive uma situação inédita, na qual nada mais é evidente. Às margens do rio Cobar, ele experimenta na carne o drama da perda, que a complexidade do livro e de sua linguagem tentam traduzir. É por isso que este livro adquire a forma de uma verdadeira meditação sobre a história, particularmente sobre a história da aliança entre Israel e seu Deus. Passando das obscuras visões iniciais do livro (Ez 1,1) à clareza geométrica e abstrata que a reorganização do caos traduz na grandiosa visão final do Templo, profundamente metamorfoseado (Ez 40–48), o livro de Ezequiel introduz o leitor num mundo em que o essencial é "conhecer Javé". Mas isso não pode ser feito de qualquer jeito. Por isso, a complexidade é uma maneira de expressar uma reflexão aprofundada sobre as questões fundamentais da história e das escolhas que devem ser feitas para uma vida pacificada e pacificadora. É também um modo interpelativo de colocar a questão fundamental da responsabilidade do ser humano perante o mal que o atinge. Assim como uma maneira de acordar o leitor do torpor de certos hábitos, para o levar pelos caminhos de um encontro verdadeiro, no qual "o divino anima a palavra humana, para a despertar e a habitar" (DE HAES, 2019, 10), único caminho para uma possível Aliança. Talvez seja a tal preço que o leitor poderá descobrir o lugar em que Javé vem habitar, para ali ficar com ele (Ez 48,35).

Hoje, quando o cristão pode estar se sentindo em exílio numa sociedade em crise, o livro de Ezequiel pode ser uma fonte de inspiração: propondo pistas para compreender a realidade, ele nutre a esperança e a imaginação, necessárias para a criação de um mundo renovado.

# 1
# Antes de abrir o livro

## A época do drama

O exílio na Babilônia é sem dúvida uma das páginas mais sombrias da história do Israel bíblico. Durante esse longo período de aproximadamente 60 anos (de 597, com a primeira onda de deportação [cf. 2Rs 24,8-17], a 538, ano da promulgação do edito de Ciro autorizando o retorno ao país de Judá), uma parte dos habitantes de Judá está na Mesopotâmia, obrigada a isso por Nabucodonosor e os caldeus que dominaram o Próximo Oriente entre 612 (queda de Nínive e do império assírio) e 539 (chegada dos persas à Babilônia).

Para o povo da Bíblia, esse período sombrio é igualmente um dos mais fecundos do ponto de vista de sua criatividade literária e teológica. De fato, era necessário encontrar palavras para compreender o exílio e assim tentar superar a catástrofe, dando-lhe um sentido. Em realidade, a tarefa era esta: transformar uma situação de desespero e de morte certa em ocasião de renovação e de vida. Com efeito, o exílio é sinônimo de perda das instituições e dos símbolos essenciais para o povo de Javé: a terra, o Templo, o rei. A terra é devastada, o Templo foi destruído, e o rei está exilado, junto com uma parte da comunidade, agora separada. O que está em jogo, portanto, é a sobrevivência do povo de Javé, mas também – e talvez mais fundamentalmente – a sobrevivência do próprio Javé. Realmente, na cultura ambiente, na qual era natural voltar-se aos deuses dos vencedores, considerados mais fortes e mais eficientes que os dos vencidos, como não ceder à tentação de se dirigir às divindades babilônicas, para junto a elas encontrar a salvação perante um Deus que aparentemente não conseguiu defender os seus? O exílio babilônico foi, portanto, um sério questionamento, uma profunda prova para a fé de Israel em Javé, e era necessário reler teologicamente esse acontecimento, para tentar compreendê-lo e integrá-lo. Fazer esse questionamento era necessário não somente para não soçobrar no desespero, mas também para ajudar o povo a se reerguer. Numa palavra, era mister encontrar palavras para continuar a viver.

Entre os que fizeram ouvir sua voz, e melhor iluminar esse drama, estão os profetas Jeremias e Ezequiel; cada um à sua maneira, e a partir de seu ponto de vista, tentou dar um sentido à crise. Os dois livros, e os personagens dos profetas que neles tomam corpo, apresentam, portanto, certa complementariedade: antes da queda de Jerusalém e antes do exílio, num primeiro momento Jeremias proclama o imperativo da conversão, para tentar evitar o pior; e quando esse pior se torna inexorável, anuncia a necessidade de aceitar o castigo. Ezequiel, por sua vez, em pleno exílio, às margens do "rio" Cobar – na realidade, certamente um canal – se dirige a seus companheiros de infortúnio, para lhes anunciar num primeiro momento a sentença e a necessidade de ela ser aplicada. Depois, quando sabe que Jerusalém foi tomada (Ez 24,26-27 e 33,21-22), procura abrir perspectivas de futuro a um povo em perigo de se fechar ainda mais sobre si mesmo.

## O que se sabe sobre o profeta Ezequiel?

Sob o ponto de vista histórico, praticamente nada podemos dizer sobre o profeta Ezequiel, cujo nome significa "Deus é forte/prevalece" ou "Deus torna forte/duro". Apesar disso, no decorrer dos tempos alguns exegetas tentaram pintar uma imagem do profeta, baseando-se muitas vezes sobre as visões mitológicas e cheias de imaginação que ele deixou no livro: para alguns, ele foi testemunha de OVNIS; para outros, era psicótico, paranoico (BROOME, 1946), epiléptico (KLOSTERMANN, 1877), ou ainda histérico (BÄNTCH, 1908). Nesses casos, trata-se de juízos de valor, pois os únicos elementos sobre os quais se podem basear são fornecidos pelo livro que traz o nome dele, e são fruto de uma construção literária e teológica muito elaborada. De fato, nos livros proféticos a figura do profeta está muitas vezes intimamente ligada à mensagem particular dele, e por isso é bem difícil distinguir entre a figura histórica do profeta e o personagem construído pelo livro, somente acessível ao leitor.

Um primeiro elemento surpreendente surge de repente quando se lê o livro de Ezequiel: a onipresença do "eu" profético que dá voz ao texto e o perpassa de início ao fim, com a exceção notável de Ezequiel 1,3, a que se pode juntar o discurso relatado em Ezequiel 24,24. Essa maneira particular de agir dá ao conjunto do livro o sentido de um diário pessoal, uma espécie de "ficção autobiográfica", segundo a expressão de Nihan (2009,

439), na qual Ezequiel narra, semelhantemente ao monge Adso de O nome da rosa, sua experiência única, como também a situação geral do povo, seu passado, seu presente e seu futuro.

Ele situa sua atividade profética no país da deportação num período de 22 anos, entre o quinto ano (= 593, cf. Ez 1,2-3) e o vigésimo sétimo (= 571, cf. Ez 29,17) do exílio de Joiaquim na Babilônia. Descendente de uma família sacerdotal (Ez 1,3), e, portanto, homem da tradição, centrado sobre a Lei e o Templo, Ezequiel foi chamado a ser profeta, homem do presente, voltado para o futuro. Está casado e perde sua esposa, pouco antes da queda de Jerusalém (cf. Ez 24,15-27), mas nada fala sobre eventuais filhos.

Este personagem se apresenta como um letrado, fino observador da história de seu tempo, em seus diversos aspectos. Conhece bem o cenário político, o comércio internacional, a liturgia e a tradição clerical, a literatura e a mitologia babilônica. Para usar os termos de Joël Rosenberg, Ezequiel é um grande "filósofo da história", e propõe uma visão muito pessimista dela. De fato, nela se mostra a perversão congênita de um povo que desde o Egito nunca parou de ser infiel à Aliança e de se afastar de seu Deus (cf. os capítulos 16, 20 e 23), cuja palavra e cuja ação sempre foram por ele votadas ao fracasso (Ez 5,6). Diante dessa atitude, o profeta é um "espreitador", cuja primeira tarefa é a de desmascarar o pecado, seja ele coletivo ou individual (Ez 3,16-21; 18,4-20).

A queda de Jerusalém, da qual a viuvez de Ezequiel é a réplica simbólica, marca uma mudança de rota essencial, tanto para Ezequiel, como para o povo todo (Ez 24,15-27). O profeta não é mais o que está à espreita do cumprimento da sentença anunciada; ele se torna aquele que anuncia a restauração;

primeiro, proclamando a punição das nações que colaboraram para a ruína de Judá e de Jerusalém, depois, tendo denunciado os responsáveis pela catástrofe, declarando que Javé vai realizar algo novo para seu povo: um novo êxodo, a restauração da aliança, e uma terra renovada, na qual o povo poderá viver em paz e harmonia.

Como já dissemos, esses poucos elementos que emergem do livro são mostrados na elaboração literária posterior. Se são importantes para compreender a mensagem do profeta, absolutamente não levantam o véu sobre sua imagem histórica. Trata-se de uma evidência que emergiu pouco a pouco em pesquisas exegéticas, e que entre os exegetas historiadores desviou a atenção da questão do profeta histórico para a da formação do livro, sobre o qual devemos agora dizer uma palavra.

## O livro e as hipóteses sobre sua formação

Entre os estudiosos que se interessam por essa questão, surgem três tendências principais, tendo duas delas o mesmo ponto de partida.

Para alguns, a obra era inicialmente uma coleção de elementos diversos, de perícopes curtas e independentes. A partir daí, alguns entendem o livro de Ezequiel como o produto de reescrituras sucessivas das palavras de Ezequiel, primeiro do próprio profeta, depois, de seus discípulos. Essa é a hipótese de Walther Zimmerli, um dos principais comentadores e historiadores deste livro bíblico. Ela corresponde à hipótese clássica sobre a formação dos livros proféticos, que vê no profeta histórico um homem que proclamou oráculos e conseguiu pôr por escrito alguns deles, em seguida retomados, ampliados, acomodados e organizados por seus discípulos.

Para outros, entre os quais podemos citar Jörg Garscha, o livro seria antes o resultado de revisões redacionais sucessivas, fruto de uma elaboração teológica longa e diferenciada que se estende do exílio ao surgimento da apocalíptica.

Uma terceira hipótese, que põe essencialmente em destaque a grande coerência do conjunto, vê no livro uma composição planejada, obra de um único autor, que alguns identificam com o próprio profeta. Seja qual for o valor desta última hipótese, ela está imbuída de certa ambiguidade, na medida em que nela parecem se misturar o plano da pesquisa histórica e o da compreensão literária e teológica do conjunto. De fato, seja qual for a hipótese adotada e a maneira efetiva em que essa obra grandiosa veio à luz – enquanto se puder pormenorizar o processo –, é preciso não perder de vista que o livro se apresenta ao leitor como uma obra unificada, cujo drama se desenvolve num quadro temporal e teológico bem determinado, para apresentar uma mensagem especial. É essa unidade temática, literária e teológica que tentaremos explorar aqui.

## Podemos identificar os primeiros destinatários do livro?

Ter-se-á percebido que, assim como a história da formação do livro é complexa, também o é identificar aqueles para os quais o livro foi escrito. Contudo, certos elementos parecem apontar para o pequeno grupo dos primeiros exilados (que os especialistas chamam de primeira *Golah*), no momento de sua transferência para Babilônia. Esse grupo seria o "pequeno resto", o verdadeiro Israel que viveu o exílio e a quem é dirigida a salvação, enquanto os que não aceitaram o exílio (Ez 33,23-29), os maus pastores (Ez 34) ou Edom (Ez 35), se opõem à restauração. Evidentemente, tal hipótese poderia ser discutida sob o ponto de vista histórico, e de fato o é, pelos especialistas. É necessário notar a esse respeito que o livro de Ezequiel – como é o caso também do de Jeremias – apresenta dois textos diferentes, um mais curto em grego (LXX), e outro mais longo em hebraico (Texto Massorético, TM). Nesta versão longa, geralmente traduzida em nossas Bíblias, o horizonte se alarga para uma salvação escatológica que concerne a todo Israel, desde o início de sua história. Essa salvação será realizada em sua Terra, sob o cajado de um novo Davi.

## Uma linguagem particular a serviço de uma leitura particular da história

O livro é ainda mais enigmático por estar repleto de imagens que surgem da fantasia utópica, do mito, da magia, mas também de figuras de estilo, tais como enigmas (*hîdah*, cf. Ez 17,2), provérbios ou parábolas (*mashal*, cf. Ez 21,5), lamentos (*qinah*, cf. Ez 12,22.23; 14,8...), analogias, de numerosas alegorias e outras metáforas, recorrendo abundantemente ao paradoxo. Tudo isso torna complicada a compreensão do todo, que às vezes parece flertar com alguma forma de esoterismo.

Todas as figuras e imagens, em que são apresentadas grandiosas visões (Ez 1–3; 8–11; 37; 40–48) e amplas retrospectivas históricas (Ez 16; 20 e 23), à sua maneira procuram exprimir o inexprimível, e estão a serviço da leitura teológica da história mostrada pelo livro. Vista pelo lado do povo, a história é um fracasso. Vista da parte de Javé, ao contrário, é uma prova de sua fidelidade e de sua benevolência para com seu aliado, que ele não abandona. Ele acompanha esse aliado até o mais interior da evidência do exílio. Assim, a história se torna ao mesmo tempo o lugar de uma forma de teofania. É a história que permite compreender não apenas as intenções divinas, mas também "conhecer Javé", pois é nela que ele realiza concretamente seu senhorio para a salvação de seu povo e o julgamento das nações.

# 2
# Resumo e estrutura do livro

É bem difícil resumir um livro profético, pois não se trata de um relato contínuo, cuja história se desenvolve de maneira linear, com uma trama bem simples de sintetizar. Por isso, para apresentar as coisas o mais claramente possível, vamos pegar o fio da estrutura do livro, apresentando-o primeiro numa visão de conjunto, para depois detalhá-lo mais, e ressaltar os traços marcantes.

## Visão de conjunto

Visto superficialmente, o livro tem uma aparência muito homogênea; sua progressão parece clara, com duas partes, no meio das quais se encontra a queda de Jerusalém realizada pelo exército babilônico. Essa impressão de clareza, facilitada por um sistema de datas muito precisas (cf. infra), logo dá lugar a certa opacidade. À medida que o leitor vai percebendo os diferentes elementos que emergem de uma leitura mais atenta, sente-se cada vez mais mergulhado em dificuldades, e tem a sensação de certo caos que causa incompreensão. Mas ninguém deve se enganar, pois isso é uma passagem necessária para se chegar de novo à clareza e à ordem, que vêm à tona depois dessa complexidade, que claramente é apenas uma primeira impressão. Isso leva, portanto, o leitor a fazer uma experiência fundamental e indispensável: para compreender, é necessário passar além das aparências, interrogando-as a fundo; e será necessário tomar a sério os empecilhos que se escondem nas águas aparentemente tranquilas, sem ter medo de afrontar esses obstáculos, para decifrar melhor os prós e os contras.

Numa leitura rápida, como já dissemos, torna-se clara uma estrutura do livro em duas partes: 1) Ezequiel 1–32, em que é mostrado o julgamento divino sobre Judá e as nações; 2) Ezequiel 33–48, que traz oráculos e visões, anunciando a salvação para Israel. Essas duas partes apresentam certo número de correspondências que chamam a atenção do leitor e o levam a fazer as ligações. Eis, a seguir, as relações principais que aparecem ao se olhar as duas partes:

| A glória de Javé deixa o Templo (Ez 8–11) | A glória de Javé retorna ao Templo restaurado (Ez 43,1-12) |
|---|---|
| Oráculo contra os montes de Israel (Ez 6) | Oráculo contra o Monte Seir (Ez 35) e promessa de restauração do Monte de Israel (Ez 36,1-15) |
| Julgamento contra Israel (Ez 20) | Anúncio de restauração para Israel (Ez 36,16-23) |
| Oráculos contra os reis da dinastia de Davi (Ez 17 e 19) | Anúncio de um messias descendente de Davi (Ez 34,23-24 e 37,24-25) |
| Israel rompe a Aliança (Ez 16; 17 e 20) | Javé restaura a Aliança (Ez 34,25 e 37,26) |
| Pivô: O fugitivo de Jerusalém chega junto aos exilados (Ez 24,26-27 e 33,21-22) ||

A alternância entre julgamento e salvação que as duas partes apresentam põe em evidência uma evolução de tipo escatológico, o que é bastante comum na literatura profética (cf. o livro de Isaías, por exemplo).

Mas se olhamos tudo mais de perto, percebemos que as correspondências aproximam essencialmente Ezequiel 1–24 e 33–48, deixando de lado, no centro, um terceiro bloco ocupado pelos Oráculos contra as nações: Ezequiel 25–32. E assim, aparece uma estrutura tripartite, clássica nos livros proféticos: o julgamento de Israel, julgamento das nações, oráculos de salvação. Além disso, os oráculos de julgamento das nações, em particular dos inimigos, já anunciam de certa maneira a salvação de Israel.

Seja qual for a estrutura do conjunto que se adotar (os especialistas não estão todos de acordo nesta questão, sendo que alguns propõem uma estrutura em quatro partes), o livro aponta para um "momento de oscilação", em relação ao qual há naturalmente um antes e um depois. Esse momento particular é a queda de Jerusalém realizada pelos caldeus, que traz consigo consequências para o conjunto dos judeus: os que já estão no exílio, como é o caso de Ezequiel e de seus companheiros de infortúnio às margens do rio Cobar (Ez 1,1), e aqueles que ainda estão na cidade, no momento do cerco e da queda.

Na Introdução já fizemos alusão a um elemento particular que contribui para uma impressão de clareza: datas bem precisas balizam o conjunto do livro. Elas dão indicações muito preciosas sobre a evolução da missão do profeta. Por outro lado, se contribuem para criar a impressão de uma ordem global, também complicam o trabalho de compreensão do leitor, que desde o começo é confrontado com o enigma de uma data dupla (Ez 1,1-3), enigma que só poderá ser resolvido no fim da leitura, quando, relendo desde o início, mas agora de maneira "informada", terá possibilidade de desmontar as armadilhas que a aparente simplicidade esconde.

## Datas precisas que balizam o conjunto a partir de um enigma inicial

À primeira vista, o livro de Ezequiel começa como os outros livros proféticos: uma data, e a menção de um ou mais reis situam o momento exato em que a palavra divina, acompanhada ou não de visões, é dirigida àquele que foi escolhido como profeta. Com mais precisão do que nos outros livros, a data no começo do livro de Ezequiel menciona o ano, o mês e o dia em que os fatos se situam. Nisso, nada há de misterioso. Contudo, sob sua simplicidade a superfície esconde algo estranho. Leiamos: "*No trigésimo ano, no quinto dia do quarto mês*, quando me encontrava entre os exilados, junto ao rio Cobar, eis que os céus se abriram e eu tive visões de Deus, no quinto dia do mês. *Aquele ano era o quinto do exílio do rei Joiaquim*" (Ez 1,1-2).

Diante desse início, com certeza o leitor formulará duas questões: qual é o ponto de referência que permite situar o trigésimo ano? E por que essa data é situada em relação a dois personagens diferentes, o profeta mesmo, que fala ("eu tive"), e o rei exilado Joiaquim? Seja o que for, a essa altura do acontecimento, tais informações se referem à situação particular do exílio de uma parte do povo de Judá, da qual o profeta faz parte. Isso ocorreu cinco anos antes do começo das palavras de Ezequiel, o que se deu após um primeiro ataque contra Jerusalém. É lá que em plena deportação a palavra de Javé se dirige a esse "eu" que fala.

Essa dupla referência temporal do início é a primeira de uma série de treze que o quadro seguinte ajuda a visualizar:

| | | | |
|---|---|---|---|
| 1) | Ez 1,1-2 | No 30º ano, no 4º mês, no 5º dia do mês<br>= 5º ano da deportação de Joiaquim | Julgamento do povo |
| 2) | Ez 8,1 | No 6º ano, no 6º mês, no 5º dia do mês | |
| 3) | Ez 20,1 | No 7º ano, no 5º mês, no 10º dia do mês | |
| 4) | Ez 24,1 | No 9º ano, no 10º mês, no 10º dia do mês | Ataque a Jerusalém |
| 5) | Ez 26,1 | No 11º ano, no 1º dia do mês | Contra Tiro |
| 6) | Ez 29,1 | No 10º ano, no 10º mês, no 12º dia do mês | Contra o Egito |
| **7)** | **Ez 29,17** | **NO 27º ANO, NO 1º MÊS, NO 1º DIA DO MÊS** | |
| 8) | Ez 30,20 | No 11º ano, no 1º mês, no 7º dia do mês | |
| 9) | Ez 31,1 | No 11º ano, no 3º mês, no 1º dia do mês | |
| 10) | Ez 32,1 | No 12º ano, no 12º mês, no 1º dia do mês | |
| 11) | Ez 32,17 | No 12º ano, no 15º dia do mês | |
| 12) | Ez 33,21 | No 12º ano, no 10º mês, no 5º dia do mês | Retorno a Israel |
| 13) | Ez 40,1 | No 25º ano de nosso exílio, no começo do ano, no 10º dia do mês<br>= 14 anos depois da queda de Jerusalém, exatamente no mesmo dia | Restauração do povo |

Essa visão de conjunto permite pôr em evidência alguns elementos. O primeiro, que duas datas desse quadro são dobradas: a primeira e a última. Compreende-se logo em seguida que a segunda parte da data inicial fornece a base para as outras: seja o que for quanto ao enigmático 30º ano, é o começo do exílio do rei Joiaquim que faz o papel de referência para todas as datas seguintes, que são relacionadas a esse momento particular, que tem, portanto, algo de inaugural.

Três dessas datas, a primeira (Ez 1,1-2), a do meio (Ez 29,17) e a última (Ez 40,1), permitem traçar o arco temporal global do livro: um rápido cálculo baseado em Ezequiel 1,1 e 40,1 (30 − 5 + 25) permitem constatar que 50 anos se passam entre um misterioso momento "zero" e a última visão do profeta, duração que lembra inevitavelmente a do ciclo jubilar, do qual o último ano, o quinquagésimo, prevê o perdão de todas as dívidas (cf. Lv 25,8.10). A data nº 7, que se encontra exatamente no centro do sistema, acrescenta um elemento suplementar. De fato, ela ultrapassa por dois anos o período global de 50 anos. Isso sugere que a palavra profética não cessa brutalmente quando o círculo está fechado. Pelo contrário, continua a acompanhar o povo. Globalmente, é ao menos uma geração completa que é animada por Ezequiel no exílio. Acrescentemos, enfim, quanto a esse ponto preciso dos limites temporais extremos (data nº 1: 5º ano, e nº 7: 27º ano), que segundo uma linha cronológica elas permitem também aos historiadores situar o início e o fim da missão profética de Ezequiel entre os anos 593 e 571 a.C.

Outro elemento que o quadro põe em evidência é a concentração dessas datas ao redor de alguns momentos localizados entre o 6º ano e o 12º, mas com uma insistência sobre o 11º ano – o da queda de Jerusalém – e o 12º, em que se situa o essencial dos oráculos contra o Egito. A respeito disso, ter-se-á notado uma inversão entre o 10º e o 11º ano (cf. o quadro, linhas 5 e 6). Isso permite sobrepor à ordem cronológica uma ordem temática que reagrupa num único conjunto os oráculos contra o faraó e os seus (Ez 29–32). É nesse conjunto que se encontra a data central do sistema, a que sublinha que a palavra profética ultrapassa o período de 50 anos. Ora, essa ultrapassagem se refere ao anúncio da punição definitiva dos inimigos de Israel: Nabucodonosor, que não encontrou fortuna em Tiro (Ez 26,1–28,19), se voltará contra o Egito, que se tornará sua verdadeira retribuição. O julgamento e a punição anunciados contra o Egito se estendem para além das outras nações (entre o 10º e o 27º ano, ocupando quatro capítulos do livro contra três para Tiro, por exemplo), e ocupa o tempo do cerco e da tomada de Jerusalém, lembrados unicamente pela ação simbólica narrada em Ezequiel 4,1–5,2. A ocupação massiva desse tempo particular pelo oráculo contra o Egito é o sinal de que há aí algo tão essencial quanto simbólico. No imaginário teológico da Bíblia, como também no livro de Ezequiel, o Egito representa o país da escravidão por excelência. Por vezes, este é aprovado e mesmo buscado (na idolatria, por exemplo), simbolizando a nação das falsas mas fáceis esperanças que atraem o povo como o canto das sereias, e que causaram a perdição de Jerusalém, como também o exílio do povo. O anúncio da derrota definitiva da figura da escravidão por antonomásia não seria uma maneira de sublinhar que é justamente contra esse inimigo temível que Javé se bate, e o profeta com ele? Além disso, o fato deste oráculo ultrapassar por dois anos os limites temporais do livro parece também indicar que a vitória sobre a idolatria não é nem automática nem fácil, e que é difícil terminar com a escravidão.

Em comparação com aqueles dirigidos a outras nações, a extensão destes oráculos contra o Egito poderia, à sua maneira, sublinhar isso.

Ainda duas observações sobre a série de marcos temporais. A primeira é insistirem, ao seu modo, no elemento fundamental a que já temos aludido: o cerco e a tomada de Jerusalém, momento-pivô que derruba todas as certezas e que subverte a história em seu desenvolvimento linear. Cinco das treze datas fazem referência a isso (cf. quadro, nº 4, 5, 8, 9 e 13). Entre elas, a última, que introduz a visão do Templo restaurado, fazendo eco à data inaugural do livro, não somente em razão de sua forma repetida, mas também porque, como a primeira, faz referência expressa ao exílio, dessa vez para lembrar esse acontecimento no qual tudo se transtorna definitivamente. É justamente no mesmo dia da queda de Jerusalém – e aqui está a segunda observação –, mas quatorze anos mais tarde, e uma boa dezena de anos depois dos oráculos precedentes, que Ezequiel recebe a visão do Templo restaurado, que é ao mesmo tempo cidade, jardim, país. Esse salto temporal marca a necessidade de uma tomada de distância com relação ao julgamento e à punição. A "digestão" disso, que somente o tempo permite, é de fato necessária. Ela abre o caminho de uma esperança inédita e a possibilidade de um mundo radicalmente renovado, em que a vida pode se abrir em aliança.

No fim desse rápido percurso, decodificando um pouco o sistema de datas, a gente se dá conta de que não se trata antes de tudo de indicações temporais no sentido em que o entenderiam os historiadores, preocupados em reconstruir uma cronologia histórica, mas de uma cronologia que se poderia qualificar de "narrativa", uma forma de "encenação" ao mesmo tempo literária e teológica. Ela propõe uma hermenêutica da história que acontece no tempo preciso de 50 anos, o que lhe confere um valor litúrgico, sacral. Chegado ao fim do livro, o leitor atento se dará conta disso e poderá então retomar os diversos elementos colhidos ao longo da leitura, e recomeçar a ler, mas agora com uma chave de compreensão essencial. Depois de ter aceitado o desenraizamento e ter enfrentado as dificuldades, e mesmo o caos do livro, as brumas de uma primeira leitura podem se desfazer.

## Uma ponta do véu levantada sobre o enigma inicial

O que aconteceu 50 anos antes dessa promessa de restauração e 25 anos antes do início do exílio de Joiaquim? A comparação com o segundo livro dos Reis e a cronologia que ele fornece permite situar o "ano zero" em que tudo começou 25 anos antes do início do exílio: o ano da descoberta do livro da Lei no tempo do rei Josias (cf. 2Rs 22–23) e a reforma que ela provocou, mas que durou pouco. O leitor percebe que o livro de Ezequiel mostra uma ligação estreita entre a promulgação da Lei descoberta no Templo e o ano jubilar. Cinquenta anos depois desse acontecimento de grande importância, quando o Templo de Jerusalém já está destruído, Ezequiel anuncia sua renovação radical (Ez 40–48). Um ciclo jubilar se concluiu assim. Ora, o Levítico tem mandamentos precisos para o ano que encerra esse período: "Declarareis santo o quinquagésimo ano e proclamareis a libertação de todos os moradores da terra. Será para vós um jubileu: cada um de vós retornará a seu patrimônio, e cada um de vós voltará a seu clã" (Lv 25,10; cf. também os vv. 13-19.23-28).

Assim, no 50º ano as contas são como que zeradas para o povo impenitente que mereceu o exílio. Como pede a Israel para restaurar a solidariedade que deve tornar a vida possível, Javé respeita também suas próprias prescrições em favor do povo. Marcando o fim do exílio e a reunificação do povo, o ano jubilar se torna também o ano da recriação de um lugar ordenado onde a vida de novo é possível.

Perfeitamente integrado nesse desígnio, Ezequiel é chamado a se tornar profeta. Provavelmente, ele deve ter então seus 30 anos de idade, a idade em que poderá começar a exercer seu ministério sacerdotal (cf. Nm 4). Essa maneira de compreender o 30 inicial permite resolver também de maneira simples e imediata o enigma inicial. Sugerida já por Orígenes, e seguida por diversos comentadores, em nada contradiz a chave de compreensão fornecida pelos 50 anos do ciclo jubilar. Pelo contrário. As duas coisas se reforçam mutuamente. Presente junto aos exilados, entre os quais se encontra também Joiaquim, o rei legítimo, no coração da tormenta o profeta é sinal de que a palavra de Javé não abandona os seus. Se a catástrofe gera o caos para os exilados, aos olhos de Javé ela está prevista e se inscreve no tempo litúrgico exato, que tem como fim o retorno à vida.

## Uma rápida visita ao livro e a seus oráculos

Tudo começa, portanto, no 5º ano do exílio de Joiaquim, o que é também o início do exílio de Ezequiel, uns seis anos antes da queda definitiva de Jerusalém. Às margens do rio Cobar, abrindo os céus ao profeta, quando o horizonte dos exilados está fechado, Javé se deixa ver por Ezequiel, conforta-o, e o coloca diante de si como um interlocutor, cuja missão é fazer ecoar a voz divina – por suas palavras, seu mutismo ou suas ações – a essa "casta de rebeldes" que são os contemporâneos do profeta. A primeira coisa que ele deve lhes anunciar por antecipação é a queda de Jerusalém, causada pela incapacidade deles de escutar seu deus. Foi isso que os conduziu à idolatria e a suas abominações, cuja lista é longa e às quais eles se entregaram em toda parte, inclusive no Templo, a própria habitação de Javé (Ez 8). Por essa razão, e apesar da tentativa de intercessão do profeta, a glória de Javé abandona o Templo, deixando à própria sorte os habitantes da cidade, com exceção dos que "gemem e choram por causa de todas as abominações que se cometem no meio dela" (Ez 9,4). Essa partida da glória contém uma dupla significação: negativa, para aqueles que ainda estão em Jerusalém, e positiva para os exilados, aos quais a glória vai encontrar no exílio, sinal de que eles não são abandonados por seu deus. O comportamento dos habitantes de Jerusalém selou a sorte da cidade e do Templo (cf. Ez 24,2 e 33,21), e por isso o julgamento se tornou inevitável. Depois de deixar o Templo (Ez 10,18-22), mas antes de narrar como a Glória se afasta também de Jerusalém (Ez 11,22-25), Javé já anuncia que restaurará o povo, reuni-lo-á de novo, e levará de volta os exilados para sua terra, Israel. Se esse povo se mostrar pronto para isso, essa volta será para ele o impulsor de uma renovação radical. Seu comportamento será "limpo" em profundidade, e seu coração de pedra será substituído por um coração de carne, para que andem e ajam segundo as leis de Javé. Então, poderão verdadeiramente ser seu povo, e ele será o deus deles, enquanto aqueles que recusarem a mudança terão de suportar as consequências de sua recusa (Ez 11,14-21).

Assim, a glória de Javé se exila voluntariamente, apesar de incitada pelo agir do povo. E como o mostra o novo ato profético no qual Ezequiel imita um viajante obrigado a deixar a cidade (Ez 12,1-7), como o rei que já partiu o príncipe também partirá, deportado com o povo, obrigado a deixar o país por causa das abominações e da violência de todos os seus habitantes. A terra ficará desolada, e o povo, disperso ou morto, com exceção de um resto que escapará para ser testemunha entre as nações daquilo que lhes aconteceu após o julgamento de Javé (Ez 12; cf. v. 16). O livro de Ezequiel parece estabelecer uma ligação de causa e efeito entre a desolação e o que se seguiu: atraído pelas visões e palavras ilusórias de falsos profetas, o povo parece ter concluído pela ausência junto a eles de um verdadeiro profeta com palavras e visões que se realizem (Ez 12,21-28). Ora, não é nada disso, e Javé o repete sem cessar: essas palavras e as visões de que Ezequiel é testemunha, se realizarão bem depressa (Ez 12,28), e por isso o povo saberá quem é Javé: um deus que guarda a palavra, ao contrário dos ídolos mentirosos. Como os falsos profetas, também os ídolos dispersam o povo por suas palavras, sedutoras com certeza, mas totalmente enganosas (Ez 13 e 14,1-11). Javé não pode ficar indiferente. Ele deve proteger o povo contra o próprio povo e contra os que o desgarram (Ez 14,12-23).

Numerosas imagens ilustram em seguida a dispersão de Israel e o julgamento que o vai atingir: a vinha (Ez 15; cf. também 19,10-14), a mulher que, amada e protegida, corre, contudo, atrás de numerosos amantes (Ez 16; cf. também Ez 23), a águia e o cedro (Ez 17), a leoa (Ez 19,1-10) a panela enferrujada (Ez 24,1-14). Essas imagens vêm entrecortadas por outros elementos: a discussão sobre o julgamento individual dos atos de cada um (Ez 18) e a repetição do conjunto da história de Israel num afresco, desta vez realista, de sua atração pela idolatria que leva a abandonar a aliança (Ez 20); longa lista de abominações (Ez 22) que explica por que o julgamento não comporta mais dilação (Ez 21), mas também o luto do profeta (Ez 24,15-27), que à sua maneira ilustra como tudo vai acontecer.

Naturalmente, Jerusalém não é a única cidade a que o julgamento e a consequente punição são prometidos. Talvez num primeiro momento, isto já tinha sido prometido ao povo de Amon (Ez 21,33-37), porque sua ação política e militar visava sustentar uma revolta contra os caldeus, o que na releitura teológica dos acontecimentos equivale a uma tentativa de entravar a ação de Javé na história de seu povo. Mas esse julgamento também é anunciado, porque Amon profanou o santuário e a terra de Israel quando seus habitantes já tinham partido para o exílio (Ez 25,1-7). Com essa reaparição de Amon na palavra oracular, começam os oráculos contra as nações: Moab (Ez 25,8-11), Edom (Ez 25,12-14), depois os filisteus (Ez 25,15-17), recebem uma palavra que, por ser breve, não é menos severa. Em seguida, são visadas as duas nações a que se dirigem os oráculos de julgamento mais longos, Tiro (Ez 26,1–28,19) e o Egito (Ez 29–32), intercalados pela palavra contra Sidon (Ez 28,20-26). Em cada um desses oráculos, inclusive nos mais breves, a afirmação "eles saberão que eu sou Javé" está presente e sublinha os motivos do julgamento tão importante tanto para Israel quanto para as nações, também elas submissas a Javé, o senhor da história.

Os oráculos contra as nações não findam com o capítulo 32, mas os últimos, dirigidos contra Seir (= Edom, Ez 35 e 36,1-15, que é associado às nações que desprezaram Israel) e os misteriosos Gog e Magog (Ez 38–39), são precedidos por uma lembrança da missão profética (Ez 33) e unidos com os anúncios de salvação para Israel: o próprio Javé será o pastor de seu povo, em lugar daqueles que se preocuparam mais consigo mesmos do que com as ovelhas (Ez 34), imagem pastoril retomada no anúncio de restauração em Ezequiel 36,16-38, na qual o povo é comparado a um rebanho de ovelhas. Esse povo, que acreditava estar morto, será recriado (Ez 37,1-14), e a história da salvação será reconstruída. Mediante tudo isso – julgamento, punição e salvação – as nações conhecerão as razões por que Javé tratou assim Israel (Ez 39,23-29). Essa aprendizagem necessária termina na grande visão do Templo restaurado (Ez 40–48). O julgamento é, portanto, indispensável: permite reconhecer as faltas e voltar a relações justas; ao mesmo tempo, permite reconhecer a Javé e o objetivo de sua ação, a saber, a criação de um lugar em que a vida na aliança é novamente possível. Então, a glória de Javé pode voltar e permanecer em sua morada. Mas esta não é mais a mesma. Foi profundamente renovada, assim como o pequeno resto do povo, pelo julgamento e pela punição, que por dramáticos que tenham sido, foram necessários para a reconstrução de um espaço no qual os parceiros da aliança podem novamente viver juntos (Ez 40–48). Isso sugere que, malgrado todos os procedimentos e todas as faltas do povo, Javé não quer sua destruição. Pelo contrário, ao acompanhá-lo ao exílio, por sua presença e pela do profeta, ele faz tudo para que esse povo continue a viver e possa ficar com ele (Ez 48,35).

Essa rápida passada pelo livro mostra como ele, usando paradoxos que aliam simplicidade e complexidade, obscuridade e clareza, possui grande coerência temática e estrutural. E esta é construída como um balançar entre o julgamento de Israel e o das nações, e a reabilitação de um resto de fiéis que aprendeu a (re)conhecer Javé por sua ação no coração da história.

# 3
# O livro de Ezequiel

## Uma obra literária de pleno direito

O estilo característico, quase surrealista, e a força evocativa das imagens presentes no livro de Ezequiel permitem que se crie uma atmosfera muito especial, ao mesmo tempo fantasmagórica, surpreendente, envolvente e paradoxal, e isso desde a primeira página. Há algo de barroco nesse livro, apelando com abundância para diversas figuras de estilo (repetições, aliterações e jogos de assonâncias, metonímias, sinédoques, antonomásias, eufemismos e circunlóquios, mas também enigmas, metáforas, alegorias...). Tudo isso ajuda a dar uma reputação, diríamos, sulfurosa a este profeta. Tal percepção se acentua pelo fato do livro se apresentar como um longo monólogo em primeira pessoa e dar a impressão de se estar lendo uma autobiografia. Entretanto, tem sido dito que não sabemos muita coisa sobre o profeta histórico, e é mais do que arriscado fazer um julgamento sobre sua saúde mental. As formas e as figuras de estilo usadas concorrem para a complexa beleza desse livro, cuja leitura exige paciência e perseverança. Trata-se, portanto, de uma leitura que exige tempo necessário à contextualização e à indispensável decodificação para a interpretação, longe de todo literalismo.

No livro de Ezequiel, a comunicação profética recorre a uma estética particular a serviço de uma mensagem mais eficaz, ainda que esta seja frequentemente paradoxal e de uma "clareza obscura" em suas nuances. Sim, este livro bíblico é de fato uma verdadeira obra literária, de grande beleza composicional, que lança mão de todos os recursos fornecidos pela linguagem humana, a fim de exprimir do melhor modo possível os problemas do tempo e a necessidade de uma boa relação consigo e com os outros, com Javé e com as nações. Nosso profeta inscreve essa relação no quadro ideal de uma vida pacífica e harmoniosa, descrita pelas primeiras páginas bíblicas, e cujo relato, explanado pela *Torá*, os cinco primeiros livros do Livro, mostra riscos e tensões. Numa palavra, qual é o quadro geral? O *adam*, primeiro, e depois Israel, são convidados a se voltarem para Javé, o único que os faz viver e os liberta, e a rejeitar num mesmo movimento os ídolos, os absolutos que fecham um ser sobre si mesmo e terminam por matar todo aquele que se volta para eles. Essa maneira de compreender sua existência no mundo, elaborada por Israel na releitura crente da história, é fecunda no livro de Ezequiel. É essencial fazer entender o apego e a vontade de vida (*hesed*) de Javé para com Israel, como também o apelo a retornar a ele que é lançado a esse povo, a fim de que viva. Por isso, todas as palavras proféticas, desde as mais ameaçadoras até as mais reconfortantes, têm por fim levar o Israel bíblico a viver verdadeiramente, quer dizer, a desenvolver e expandir sua humanidade, conseguindo construir relações justas.

Tudo isso se expressa por códigos históricos, culturais e literários (por exemplo, repetição de fórmulas recorrentes, visões, gestos proféticos, enigmas e adivinhações, repetições atualizadas e adaptadas de mitos, metáforas e alegorias, lamentações...) que são outras tantas provocações para o leitor, convidado a passar para além das aparências e assim entrar sempre mais na profundeza do sentido.

Passemos em revista esses elementos, alguns dos quais serão retomados e aprofundados em outros momentos.

## Um relato em "eu" de Ezequiel assumindo o ponto de vista de Javé

Como já foi dito, o livro de Ezequiel se apresenta como um longo monólogo do profeta – caso único na literatura profética, junto com Zacarias 1–8 –, ficando o profeta na maior parte do tempo anônimo, como que escondido atrás de seu "eu" (cf. Ez 1,3 e 24,24, únicas menções do nome do profeta). Ezequiel narra aquilo que ouve e o que vê. Assim, dá de si mesmo a imagem de um confidente íntimo de Javé, capaz de introduzir o leitor em sua própria experiência e de partilhá-la com ele. Mas se o profeta fala assim, é essencialmente para anunciar a perspectiva divina. Com efeito, poucas vezes o profeta aceita expor seus eventuais estados de ânimo, pensamentos interiores ou discursos pessoais (cf. Ez 3,14; 4,14; 9,8; 11,13; 21,5; 37,3). Também raramente traz as palavras de personagens humanos, como as de nações (Ez 26,17-18 e 27,32; cf. também 35,10 [Edom] e 38,11 [Gog]), ou as dos outros israelitas. Mas destes, o profeta relata palavras que exprimem a perplexidade deles face ao agir do profeta (Ez 12,9b; 24,19; 37,18), ou que denunciam sua impotência (Ez 12,22.27; 21,5). Essas palavras podem também exprimir uma frustração quanto a uma impotência de Javé (cf. Ez 8,12; 9,9;

12,22), ou quanto à sua injustiça (Ez 18,25.29; 33,17.20), e afirmar o desejo profundo de serem como as nações (Ez 20,32), seu desespero (Ez 33,10; 37,11), suas reivindicações (Ez 33,24) e às vezes, quiçá, sua conversão (Ez 33,30). Ocasionalmente, o profeta pode trazer também a palavra ilusória dos falsos profetas (Ez 13,6.10), ou dizer "provérbios" (11,3.15; 18,2.19).

Todas essas palavras aqui lembradas, sejam quais forem, estão sempre integradas no discurso de Deus ou do profeta. No essencial, são negativas, e servem para sublinhar a necessidade do julgamento divino.

## Uma linguagem sacerdotal e jurídica

Tendo Ezequiel saído de uma família sacerdotal, não surpreende que seu relato seja fortemente marcado por uma linguagem sacerdotal e que o livro se inscreva num quadro litúrgico particular. Pode-se notar, por exemplo, a insistência sobre os verbos que têm conotação de profanação, impureza ou sujeira. O que é profanado é o Templo (Ez 7,21.22; 23,39; 24,21; 25,3; 44,7), o sábado (Ez 20,13.16.21.24; 22,8; 23,38), as coisas santas (Ez 22,26), Javé (Ez 13,19; 22,26) e seu nome (Ez 20,9.14.22.39; 36,20-23; 39,7), o próprio Israel (Ez 22,16) ou inclusive o rei de Tiro (Ez 28,7.16). O que se tornou impuro ou sujo pode tê-lo sido pela idolatria: o próprio povo (cf., por exemplo, Ez 14,11; 18,6.11.15; 20,7.18.26.30.31; 22,3.4.11; 23,7.13.30; 37,23…), o nome de Javé (Ez 43,7.8), a terra (Ez 36,17-18) e o Templo (Ez 5,11; 23,38). Este também pode ser contaminado por cadáveres deixados nele (Ez 9,7), como também ficam impuros os sacerdotes no contato com tais mortos (Ez 44,25). Termos em ligação com o culto também estão bem presentes, como: as oferendas (Ez 20,28.31,40…), os perfumes dos sacrifícios (Ez 6,13; 16,19; 20,28.41). Mas é na extensa descrição do Templo e do serviço litúrgico renovados (Ez 40–48) que essa linguagem atinge verdadeira apoteose.

Ao lado dessa linguagem específica, há outra que vem dos usos jurídicos. Notar-se-á especialmente o *rîb*, um procedimento judiciário que, no caso de um litígio acordado de maneira bilateral, tem em vista restabelecer uma relação pacífica entre as partes. Voltaremos a isso no capítulo 9.

## Introduções narrativas e fórmulas recorrentes

As repetições – palavras, fórmulas e elementos estereotipados – são frequentes na Bíblia, e por isso também no livro de Ezequiel. Servem para insistir sobre pontos importantes da mensagem ou para realçar a maneira de a comunicar.

Algumas sublinham o traço que une o profeta com seu povo. Por exemplo: "A palavra de Javé foi dirigida a mim" e "a mão de Javé veio sobre mim", duas frases que exprimem a maneira segundo a qual Javé está presente junto do profeta.

"A palavra de Javé foi dirigida a mim" aparece cinquenta e duas vezes entre os capítulos 1 e 38. Ela se apresenta sempre nessa forma, com exceção da primeira vez, em Ezequiel 1,3, que menciona o nome do profeta e não o pronome pessoal "a mim". Assim, desde o início o leitor pode identificar esse "eu" que sempre se refere a Ezequiel.

"A mão de Javé veio sobre mim" é uma fórmula recorrente, mas bem menos presente que a precedente: Ezequiel 1,3; 3,14; 3,22; 8,1; 33,22; 37,1; 40,1). Aos olhos de certos comentadores, seria uma indicação de posse divina. É verdade que o mais das vezes vem ligada com as visões do profeta, que por sua vez ajuda a introduzir. Mas podem-se notar algumas variantes interessantes além de Ezequiel 1,3, que diz o nome do profeta que tem as visões e fala dele como de uma 3ª pessoa. No quadro de uma visão, em Ezequiel 3,14 o profeta sublinha por essa frase o peso da missão que lhe é confiada. Mas em Ezequiel 33,22 a mão de Javé acompanha o profeta no momento em que ele sabe da queda de Jerusalém. Ela lhe abre então a boca para que de novo possa falar (cf. Ez 3,24-27 e 24,27). Assim, a ligação entre palavra, visão e missão é sublinhada, e a mão divina está presente para sustentar o profeta, em especial nos momentos-chave ou difíceis. Acrescentemos que a menção da "mão" – sede do poder – de Deus se encontra também fora dessa frase estereotipada, para lembrar a intervenção divina, seja no quadro do julgamento ou de punição (cf. Ez 6,4; 13,9; 14,9.13; 16,27; 20,22.23; 25,7.13.14.16; 35,3), seja em vista da restauração (Ez 20,5.6.20.28.33-34.42; 47,14).

Certas frases recorrentes concernem especificamente a Javé. Note-se sobretudo sua autoapresentação ("eu sou Javé"), intimamente ligada à afirmação de que sua ação permitirá a seus destinatários (re)conhecê-lo, e saber "que eu sou Javé". Presente pelo menos setenta vezes entre Ezequiel 5,13 e Ezequiel 39,28, essa expressão indica de modo mais claro o objetivo da missão e da proclamação proféticas: lembrar a ação divina e revelá-la, como também as razões que a motivam, num contexto de anúncio de punição (cf., por exemplo, Ez 5,13; 6.7 s.; 11,10…) ou de restauração (Ez 16,62; 20,42.44…). A vontade divina de se tornar conhecida lembra o gesto do Êxodo em que Javé apresenta sua ação salvífica em favor de seu povo, libertando-o da escravidão egípcia. No Êxodo, os dois aspectos, positivo e negativo, desse (re)conhecimento de Deus são obra de dois grupos distintos: Moisés e Israel, de um lado, faraó e o Egito, de outro. Mas acontecem em uma única e mesma ação: a libertação de Israel. Para este, ela é salvação (cf. Ex 6,7; 10,2 e 14,30); para faraó e seu povo, é sinônimo de julgamento e punição (por exemplo, Ex 7,5.17; 14,4.25; cf. Ex 5,2), por causa do endurecimento mortífero do rei (Ex 14,30). Em seguida a essa libertação fundacional, o Israel bíblico é convidado a se voltar a Javé sem reservas, e a entrar com ele numa aliança estruturada na Lei. O respeito da aliança se manifesta em particular pela observância do Sábado (cf. Ex 20,8-11; 31,12-17 e Dt 5,12-15, cf. Ez 20,12.20), um sinal que inscreve num tempo preciso o convite a imitar a ação divina, ao mesmo tempo criadora e libertadora.

No livro de Ezequiel, é apenas Israel que encarna as duas atitudes em que Javé pretende se fazer (re)conhecido: Israel rejeita seu deus, o que postula julgamento e punição; mas um resto é fiel, o que abre caminho a um novo ato salvífico. O livro de Ezequiel insiste: o verdadeiro conhecimento de Javé é indispensável, não o do intelecto, mas o do coração (que na imaginária bíblica orienta o agir e a vontade). Ele, e só ele, permite rejeitar "naturalmente" todos os ídolos que prendem e escravizam. O povo "profana" (cf. Ez 20,39; 36,20-23; 39,7) e "torna impuro" (Ez 43,7.8) o nome ou a santidade de Javé, voltando-se para os ídolos e servindo-os. Fazendo isso, o povo se torna escravo de si mesmo. O julgamento dos culpados e a libertação são, portanto, necessários. Permitirão a Javé reabilitar e reafirmar seu Nome e sua santidade, ultrajados tanto aos olhos de Israel como aos olhos das nações (Ez 20,41; 28,22.25; 36,20.23; 38,16; 39,27). Observe-se de passagem como Javé se preocupa por ver sua ação apreciada universalmente; mostra-o bem a expressão "aos olhos das nações" (cf. Ez 5,8; 20,9.14.22.41; 22,16; 28,25; 38,23; 39,27).

Notemos enfim que é no quadro do julgamento que têm lugar frases que lembram a hostilidade ou a cólera de Javé: "voltas teu/meu rosto contra" (Ez 6,1; 13,17; 14,8...), "eis-me aqui", ou "eis-me contra" (frequentes vezes, a partir de Ez 5,8), "meu olhar será sem compaixão" (por exemplo, Ez 5,11; 7,4.9). Tais expressões sublinham que Javé não pode ficar indiferente face aos comportamentos do povo (Ez 5,13; 6,12; 7,8; 9,8; 13,19; 14,19; 16,62; 20,8.13.21.33.34; 21,22.36; 22,22.31; 24,13; 30,15; 36,18;43,8). Para o povo é uma questão de vida ou morte, e para Javé, uma questão de renome entre as nações.

## Visões

O livro é ornado de visões (Ez 1,1–3,14; 3,22-27; 8,1–11,25; 37,1-14; 40,1–48,35). Contribuindo ao clima particular que surge do conjunto, as visões mostram uma trajetória que leva o leitor do caos à clareza, da terra do exílio, a Caldeia, a uma Jerusalém renovada, onde tudo se torna novamente possível, superado o fracasso e a morte. Junto com os oráculos, as visões têm uma função retórica específica: permitir ao leitor participar da experiência do profeta, compreendendo o que ele compreende, e vendo o que ele vê.

## Gestos proféticos

Ezequiel fala e vê. Mas também age, realizando, como outros profetas, gestos que reforçam visualmente sua mensagem. Verdadeiras palavras em ações, o objetivo delas é atingir o imaginário dos destinatários, unindo o sentido da vista ao da escuta. O objetivo do relato dessas ações não é, portanto, contar simplesmente fatos, pois esses gestos são parte integrante do modo de comunicação profética. Eles igualmente nada têm de mágico. Um ato mágico faz uso do presente para influenciar o futuro, e conserva sua eficácia, mesmo realizado em segredo. Os atos proféticos, pelo contrário, semelhantemente aos oráculos, representam o futuro – negativa ou positivamente –, com o objetivo de orientar o presente. Por isso, a presença de testemunhas é indispensável, pois o gesto é significante no hoje dos destinatários, chamados a compreendê-lo e a interpretá-lo.

Os gestos realizados por Ezequiel descrevem sobretudo o exílio (Ez 4–5; 12,1-20 ou 24,15-23), mas também podem "imitar" a restauração que virá. Mais raros, estes são certamente mais significativos. Pensemos especialmente na segunda parte de Ezequiel 37, em que a ação profética se liga com a visão dos ossos (Ez 37,1-14). Essa visão anuncia a vida para os exilados, o que permitirá a Israel (re)conhecer Javé (cf. Ez 37,6b.13a.14b). Seguindo-o de perto, o gesto das duas achas de lenha (Ez 37,15-28) – uma delas simbolizando o reino do Sul, chamado Judá, e a outra, o reino do Norte, chamado José ou Efraim – abre o horizonte aos exilados e se situa num plano político: a reunificação dos dois reinos num só e único Israel permitirá às nações conhecer a Javé e o lugar privilegiado devolvido a Israel nesse conjunto (Ez 37,28).

## Enigmas

Numerosos enigmas escalonam o livro, seguindo ao primeiro, referente à dupla data inicial (Ez 1,1-2). Mas é principalmente na primeira parte do livro que eles se encontram, antes de Ezequiel 24 e do anúncio da queda de Jerusalém aos exilados.

O conjunto dos enigmas faz parte do julgamento contra Israel. Mencionemos em particular o lenho da parreira (Ez 15,1-8), as águias e o cedro (Ez 17,1-24), os leõezinhos e a vinha (Ez 19,1-14), ou ainda o incêndio do bosque (Ez 21,1-4). Na maior parte das vezes, esses enigmas devem ser entendidos em ligação com as alegorias políticas, das quais se aproximam.

## Provérbios, ditos e perguntas retóricas

Nas páginas em que se encontram, os provérbios e os adágios adicionam um sabor de sabedoria popular. O mais das vezes, estão integrados no relato sob forma de discursos dirigidos a Judá ou às nações, e servem para reforçar as afirmações do profeta. Entre eles, o mais conhecido é certamente: "Por que repetis este provérbio na terra de Israel: 'Os pais comeram uvas verdes e os dentes dos filhos ficaram doridos'?" (Ez 18,2). Voltaremos a isso. Para outros ditos e provérbios pode-se ver, por exemplo, Ezequiel 11,3; 12,22-23; 20,32.

O provérbio citado acima se situa numa pergunta retórica feita ao povo. As perguntas desse gênero, sejam dirigidas ao povo, aos falsos profetas ou às nações, são frequentes num contexto de acusação e de julgamento (cf. Ez 13,7.18; 16,20.56; 17,9.10.12.15; 18,13.23.24.25.29; 26,15; 27,32; 28,9; 31,2.18; 32,19; 33,25.26; 34,2.18; 38,13.14.17). Mas por sua vez o profeta também pode ser interrogado por Javé; por exemplo, em meio a visões (Ez 8,6.12.15.17; 37,3), sob a forma de adivinhações (Ez 15,2-4), para lhe sugerir o que ele deve dizer (Ez 20,3), ou para o convidar a julgar (Ez 20,4; 22,2; 23,36). Por meio dessas perguntas, Javé usa uma pedagogia que visa levar o profeta – e o leitor, com ele – a partilhar sempre mais sua perspectiva própria.

## Retomada atualizada dos mitos

Ezequiel constrói à vontade suas imagens a partir dos relatos míticos, quer sejam do Gênesis, quer do conjunto da *Torá*, dos quais retoma temáticas fundamentais (criação, êxodo, aliança, o dom da terra...) com grande criatividade.

Desde o começo, Ezequiel, qual novo Moisés, tem de enfrentar a "casa de rebeldes" que é Israel (Ez 2,5-8; 3,9), uma designação que lembra as murmurações do povo contra Javé e Moisés no deserto. Mas é sobretudo na segunda parte do livro de Ezequiel que os ecos ou outras retomadas de mitos estão presentes em oráculos de desgraça (Ez 28) ou de restauração (Ez 37; 40–48). É provavelmente nesse quadro que se deve compreender a alcunha pela qual Ezequiel é o mais das vezes interpelado por Javé (ou seu enviado): "filho de Adão", ou, dito de outro modo, "filho de humano". Se esse modo de apelidar acentua a diferença radical entre o ser humano e Javé, sublinhando indiretamente a transcendência de Deus, também designa o profeta como aquele que realiza a vocação de seu "pai", o Adão do Gênesis, pela escuta da palavra divina e por sua obediência. Isso lhe permite ser plenamente associado à ação divina (cf. Ez 37,1-14).

## Metáforas e alegorias

Metáforas e parábolas são muito numerosas no livro de Ezequiel. A tal ponto, que o próprio profeta é apresentado por seus detratores como um "repetidor de parábolas" (Ez 21,5, podendo o termo *mashal* significar parábola, metáfora, comparação, provérbio...). Por mais irônica que seja, significa, entretanto, algo de essencial: as metáforas e sua força de evocação são essenciais para a mensagem de Ezequiel quando se trata de expressar a relação entre Javé e seu povo, e mais globalmente o "viver junto".

Um primeiro grupo de metáforas é tirado da natureza, do mundo vegetal ou do mundo animal. Quanto aos vegetais, podemos lembrar a vinha (Ez 15,2; 17,6; 19,10), as sementes (Ez 20,5), o cedro (Ez 31,3 s.). Para os animais, a fera selvagem, que representa o inimigo (Ez 14,15), a águia (Ez 17,3), a leoa e seus filhotes (Ez 19,1-3), o leão (Ez 22,25; 32,2-3), as ovelhas (Ez 34,6.16.19).

Outro conjunto de metáforas está ligado às atividades humanas e aos ofícios. Citemos a agricultura: o leite e o mel (Ez 20,6.15), a vinha e as sementes, já lembradas, mas também a criação, com o pastor e suas ovelhas (Ez 34). Certas metáforas são do campo semântico da técnica ou do artesanato: a metalurgia (Ez 22,18), a marinha (Ez 27,10-11), a cozinha com as panelas (Ez 24,1-14). Dentre as atividades humanas, podemos citar também o cortejo fúnebre (Ez 32,17-32) e a guerra (cf. Ez 4,1-6; 16,41; 31,12), uma metáfora associada à do fogo e do calor, que por sua vez é ambivalente. Muitas vezes positivo, na medida em que lembra a confortadora presença divina (cf. Ez 1), o fogo também faz referência à cólera e ao julgamento divino (Ez 15; 20,1-4; 22,20-22; 24,3-13; cf. também 16,41; 19,12.14; 23,25.47), em ligação com a destruição pela guerra ou pela purificação.

Um terceiro grupo de metáforas ou parábolas é o das relações familiares, que ilustram maravilhosamente a ampla gama de relações humanas, das mais pacíficas e benéficas às mais conflituosas.

Essas metáforas funcionam raramente de maneira separada. Cada uma põe em evidência um aspecto particular que alguma outra – que se relaciona com ela – vem nuançar, deslocar ou às vezes corrigir, de maneira a descrever melhor a realidade que raramente é unidimensional. Ezequiel 17 e 19 são belos exemplos desse tipo de entrecruzamento, em que metáforas vegetais e animais se correspondem, servindo também de base à alegoria das relações de força – políticas ou militares – entre as nações.

Citemos enfim a metáfora muito corrente do caminho, que indica a *Torá* (cf. também Dt 1,33; 5,33; 8,6; 9,16). Visando essencialmente a maneira de ser e de viver de Israel, desde o início do livro ela é muito frequente (por exemplo: Ez 3,18.19; 7,3.4.8.9.27; 9,10; 11,21...).

## Lamentações

Menos fecunda na superfície que outras figuras, a lamentação é, contudo, outro elemento característico do livro de Ezequiel. A tal ponto que certos comentadores perguntam se não é necessário ler o próprio livro como uma longa lamentação, à imagem das "lamentações sobre a cidade", frequentes na região da Mesopotâmia. Esses textos (encontramo-los na Suméria, em Ur, em Eridu, em Uruk e Nipur) apresentam elementos comuns que estão também no livro de Ezequiel: a divindade tutelar abandona sua cidade depois que constatou a culpa do povo; agentes divinos de destruição se fazem presentes, e sua ação é descrita; a divindade chora e se lamenta; a cidade é restaurada e a divindade volta para habitar nela. Há, contudo, uma diferença essencial: se o livro de Ezequiel retoma um esquema comum, adapta-o para ter em conta as razões teológicas específicas de Israel: a aliança que o povo rompeu é restaurada por Javé depois do julgamento e do castigo. Seja for a proposição global, certas passagens do livro de Ezequiel são verdadeiras lamentações: sobre os reis de Judá (Ez 19), sobre Tiro (Ez 26,17-18; 27,32; 28,12-19) ou ainda sobre o Egito (Ez 32). O uso que disso é feito é muitas vezes paródico, quando os grupos visados na lamentação são, eles próprios, responsáveis pelos males que lhes acontecem.

## Uma linguagem argumentativa que visa convencer

A linguagem e as figuras empregadas no livro de Ezequiel visam convencer. Talvez seja por essa razão que o livro radicaliza a mensagem de julgamento. Com efeito, ele insiste sobre o motivo de tal julgamento, sobre a necessidade e os laços de causa e efeito, entre uma escolha efetuada e suas consequências, o que se verifica de maneira especial quanto à escolha da idolatria, que tem como consequência o exílio do povo. Podem-se notar os numerosos usos da partícula ya'an, "por causa de": das 100 vezes que essa partícula ocorre na Bíblia Hebraica, 40 delas está no livro de Ezequiel, como, por exemplo, em Ezequiel 5,9.11; 13,8... Porém, o julgamento e a sanção, o exílio, não são a última palavra do profeta e de Javé, que promete a renovação da vida que triunfará sobre a morte.

# 4
# O povo no exílio
*Tema 1*

O exílio é como um vento tempestuoso que leva o Israel bíblico para longe de suas casas, de sua terra, de suas referências, de suas certezas... Esse vento vem do Norte, e como os caldeus, é sinônimo de julgamento. Mas para o profeta que o vê chegar (Ez 1,4), é também sopro que lhe fala (Ez 2,2), sinal da presença de Javé junto aos exilados.

## Contexto histórico

Na segunda metade do século VII a.C., o declínio do Império Neoassírio parece trazer para o reino de Judá paz e liberdade relativas, notadamente sob o rei Josias (cf. 2Rs 22,1–23,29), cujo reinado deve ser situado entre os anos 640 e 609. Após a queda de Assur em 614, e sobretudo após a de Nínive em 612, os caldeus (nome bíblico dos babilônios) se impõem e se tornam a nova potência regional com a qual é necessário contar. Por seu lado, os egípcios tentaram evitar a derrota dos assírios, indo em sua ajuda. Essa atitude foi evidentemente oportunista, vantajosa para eles. Seria melhor para eles que o povo agora no poder na Mesopotâmia fosse fraco: em vez dos poderosos e perigosos babilônios, no norte teriam diante de si um reino diminuto, e sobretudo um reino que deveria reconhecer ter sido ajudado na garantia de sua supremacia. Mas a tentativa fracassou, e Nabucodonosor esmagou o Egito em duas batalhas que acabaram com sua hegemonia política e militar na região: uma das batalhas foi em 609 em Megido, onde morreu Josias, e a outra em 605 em Carquemis. Judá passou então à dominação babilônica e teve de se submeter aos novos senhores regionais. Mas em 601, quando da descida de Nabucodonosor ao Egito, incursão que terminou em derrota, o rei de Jerusalém, Joaquim, filho de Josias, se rebelou contra o rei babilônio e apelou ao Egito para proteger seu reino. Tratou-se de um erro decisivo da parte do rei de Judá, que deu provas de má avaliação da situação política. O castigo não tardaria. De fato, em seguida os caldeus realizaram sua primeira campanha contra Jerusalém. A cidade foi ocupada em 597, e Joiaquim, que acabara de assumir o lugar de seu pai Joaquim no trono, foi exilado na Babilônia após apenas três meses de reinado (cf. 2Rs 24,8). Com ele, foi levada também uma parte da elite, especialmente os membros da corte e os artesãos de ferro, como também nosso profeta Ezequiel. Nabucodonosor instalou então sobre o trono outro filho de Josias, Matanias, mudando o nome dele para Sedecias. Este foi o último rei da linha de Davi na sede de Jerusalém. Sob seu reinado, apenas nove anos depois, a cidade seria novamente assediada por Nabucodonosor, o qual após um cerco de mais ou menos dois anos a conquistou, e inclusive destruiu o Templo (587/586). O fim do segundo livro dos Reis e o de Jeremias contam esses episódios: recusando escutar a palavra profética que convidava a se entregar aos caldeus, Sedecias tentou fugir, mas foi aprisionado e exilado junto com nova e maior leva da população (cf. 2Rs 25; Jr 39 e 52). A partir desse momento, Judá foi reduzida a uma província babilônica sob a regência de um governador, Godolias (cf. Jr 40).

Os historiadores estimam que após as campanhas de Nabucodonosor no século VI a população de Judá cai mais ou menos dois terços.

## Certezas desfeitas que levam a questionamentos

Os acontecimentos ligados à queda de Jerusalém e ao exílio de uma parte não pequena de sua população foram traumatizantes. Significam o fim da dinastia davídica, a perda da terra e do Templo, elementos fundamentais do ponto de vista da identidade cultural e religiosa de Israel. De fato, esses elementos estão ligados a promessas divinas, que de um só golpe são profundamente postas em questão. Do mesmo modo, a própria identidade e o poder de Javé parecem abalados, deixando a impressão de que ele teria abandonado seu povo (cf. Lm 3,42). Vê-se claramente que tudo isso toca radicalmente na vida e na morte.

Entre todas as questões postas aos exilados, uma se apresenta sob forma totalmente nova: depois da secessão das 10 tribos por ocasião da morte de Salomão (narradas em 1Rs 12), o povo da aliança estava dividido em dois reinos: o reino do Norte, Israel, cuja capital Samaria cairia sob os golpes dos assírios em 722, e o reino do Sul, Judá, cuja capital era Jerusalém. Apesar de tudo, essa divisão do povo da aliança, percebida claramente como dramática, não impedia que o povo se mantivesse na terra da promessa. Mas agora é a sucessão de Davi que é levada ao exílio, para longe de sua terra, junto com uma parte do próprio povo.

Essas questões tocam antes de tudo na definição do Israel bíblico, em sua identidade "interna", poderíamos dizer. Mas ainda outras questões surgem com essa situação exótica: postos em contato direto com uma cultura diferente, os judeus são inevitavelmente confrontados com ela e estão sujeitos à sua influência. Isso se mostra claramente no próprio livro de Ezequiel, mas ele não é o único que dá testemunho de certa aculturação: termos babilônicos entram no vocabulário e nos textos hebraicos; o calendário babilônico se impõe, as crianças dos exilados recebem nomes babilônicos...

Em tais circunstâncias, a assimilação dos exilados, pelo menos de uma parte entre eles, é uma realidade natural. Com efeito, na Antiguidade, especialmente no Antigo Oriente Próximo, era corrente que um povo vencido se convertesse aos deuses e à cultura dos vencedores, pois a derrota tinha mostrado – pensava-se – a fraqueza dos próprios deuses frente aos dos adversários. Essa falta de poder dos deuses podia também vir acompanhada de certa covardia da parte desses deuses: imaginava-se que, sentindo-se em perigo, deixavam sua morada – templo e/ou estátua – abandonando por isso também o povo à sua triste sorte. Tal concepção, muito difundida no Antigo Oriente Próximo, teve naturalmente influência também no Israel bíblico, mas continua indubitável que esse povo não tirou as mesmas conclusões que outros povos tiravam, e não chegou a formular a questão radical sobre o poder de Javé. Ao contrário. É verdade que certo número de exilados judeus sucumbiu a essa propensão à assimilação, tendência que se traduz particularmente numa vontade expressa de serem como as nações (cf. Ez 20,32). Mas nem todos sucumbiram à tentação de se misturar. Ao contrário, certo espírito de resistência vai despontar (cf. Sl 137 [136],8-9) e se concretizar numa tomada de distância que permite dar sentido à catástrofe. Assim, Israel admitiu alguns elementos culturalmente difundidos, mas de maneira original e inédita. Para o livro de Ezequiel, se o Templo está destruído, é efetivamente porque Javé o deixou. Mas ele não fez isso por covardia ou fraqueza, e sim porque estava cansado das torpezas que eram cometidas ali. Além disso, o abandono do Templo permitiu a Javé acompanhar os exilados, e não os abandonar (Ez 1–11). Se a dinastia davídica está no exílio, não é porque Javé esquece sua promessa (cf. 2Sm 7,10-16), mas porque sua paciência chegou ao fim: de geração em geração os sucessores de Davi negligenciaram a observância da Lei e do culto autêntico, voltando-se para a idolatria, tanto religiosa como política (1Rs e 2Rs). Quanto à atual geração, essa "casta de rebeldes" (Ez 2,5.6.7.8.; 3; 3,9.26.27; 12,3...), também ela é idólatra, e não tirou nenhuma lição das numerosas advertências proféticas. Também ela revela de maneira original como a falta é tanto coletiva como individual (cf. Ez 18).

Para conseguir "digerir" a catástrofe, o distanciamento em relação aos acontecimentos era indispensável, para os compreender, dar-lhes um sentido, e, assim, poder integrá-los. Dando testemunho de uma fé inquebrantável em Javé, senhor da história, fé que surgiu pouco a pouco e se forjou e se reforçou ao longo do exílio, profetas como Ezequiel, entre outros atores, levaram a efeito um trabalho que favoreceu grandemente o distanciamento indispensável em relação aos ídolos, fazendo uma releitura teológica da catástrofe, para lhe dar sentido. Surgiu assim uma nova cultura e uma nova identidade, centradas na pertença exclusiva a Javé, percebido a partir de agora – como dissemos – como um Deus supranacional, senhor da história, cujo projeto essencial visa uma convivência pacífica tanto para Israel como para as nações. Por isso, se Israel não se mostrar à altura de seu papel e de sua missão, se for infiel à aliança, Javé poderá se servir das nações para o trazer de volta à identidade essencial. Os contornos dessa identidade não são novos. Elementos como a noção de aliança entre Javé e seu povo, ou a ideia da monarquia divina (elemento comum no Antigo Oriente Próximo, mas que se torna monoteísmo para Israel) existiam já antes do exílio. Contudo, a catástrofe atual permitiu repensar e reafirmar esses elementos numa forma nova, que se elabora, também por escrito, e faz nascer a vasta literatura que chegou até nós, a Bíblia!

## O exílio no livro de Ezequiel, "uma moeda de duas faces"

A releitura teológica que o livro de Ezequiel faz do exílio e da queda de Jerusalém contém em primeiro lugar e indubitavelmente uma avaliação negativa. Os dois acontecimentos significam a sanção divina diante da idolatria dos judeus e dos habitantes da capital, como vem explicitado muito particularmente nas retrospectivas históricas (Ez 16; 20 e 23) que avaliam o comportamento do povo antes da queda da cidade. A primeira parte do livro torna-se uma "espécie de autópsia prematura" (ROSENBERG, 2003, 246) da casa de Israel, cujo fim é levar o povo a voltar de maneira lúcida ao próprio passado, com a vontade de o compreender. Em particular, Ezequiel 16 e 23 lembram a história de Israel de um modo metafórico. Voltaremos a isso. Entre esses dois relatos imaginativos, Ezequiel 20 narra os mesmos fatos, mas de maneira mais realista: ele se apoia numa chave de leitura fundamental já antes anunciada (Ez 6,9), que ele retoma e desenvolve: o que provocou o exílio é a prostituição do coração e dos olhos dos habitantes de Israel aos ídolos (*gillul* – esse termo tem uma conotação particularmente pejorativa, pois deriva do verbo *gil*, "rolar", de que vem também o termo *gel*, "sujeira, esterco, excremento", cf. Ez 4,12.15). Retraçando a história da salvação desde as origens (Ez 20,5), com a entrada na terra prometida (Ez 20,28-29), Ezequiel 20 insiste sobre os "horrores" (Ez 20,4) cometidos pelos pais. Mas, entrados nesta terra, a "casa de Israel" imitou o comportamento de seus ancestrais. Como eles, que voltaram seu coração para os ídolos (Ez 20,16), Israel se "prostituiu" em suas "abominações" e se afogou em seus horrores até a perversão suprema: o sacrifício dos filhos aos ídolos (Ez 20,30-31). Foi voluntariamente que eles se voltaram a eles em seu desejo de se parecerem com as nações (Ez 20,32). Como é que Javé podia ficar indiferente diante disso? Como é que podia deixar que fizessem isso, e não intervir? É evidente que não foi sem razão que a catástrofe aconteceu (cf. Ez 14,23b), pois semelhante comportamento teve de atrair inevitavelmente o julgamento de Javé (Ez 20,32-44). Num primeiro momento, o julgamento se concretiza pelo exílio de uma parte da população: o rei, Ezequiel e todos aqueles que estão agora às margens do rio Cobar.

Ora, a primeira onda de exilados deveria ter sido percebida como uma advertência para os que ficaram em Jerusalém, e tê-los feito reagir no sentido de uma conversão. Com efeito, o livro de Ezequiel parece sugerir que ainda era tempo para voltar a Javé e assim evitar o pior: a queda e a destruição de Jerusalém. Ainda que o tempo urja, a mudança continua possível; em todo caso, antes de Ezequiel 24. Se isso tivesse acontecido, estaria afastada a dupla pena, que também seria um duplo trauma para os companheiros de infortúnio do profeta: além do exílio, a queda da cidade em que concentravam todas as esperanças. Mas não foi nada disso. Pois, como o livro de Ezequiel o conta, aqueles que ficaram na Judeia pensaram que o exílio não lhes dizia respeito. Eles se imaginam a cepa do novo Israel (Ez 33,24-29). Se for isso, por que mudar?

À vista de todos esses acontecimentos, parece que o exílio é uma moeda cuja primeira face, muito visível e evidente, é o julgamento divino. Se o livro de Ezequiel tivesse ficado nessa penosa constatação, nenhuma saída teria sido possível para a parte do povo que, já no exílio, se considera morta (cf. Ez 37,11). Mas é justamente aí que aparece a outra face dessa moeda: uma face de luz, ainda que tênue, sem dúvida. Pois, justamente quando tudo parece perdido, recomeçar é possível. Assim também o anuncia Ezequiel 20: "quando me escutardes, não profanareis mais meu nome", afirma Javé, enquanto anuncia ao mesmo tempo a restauração (Ez 20,39-44).

## Chaves para uma releitura tanto negativa quanto positiva do exílio

Se o significado do exílio é antes de tudo negativo, o leitor é convidado a ir além dessa primeira impressão, que mesmo sendo justa não deve fazê-lo esquecer o resto. Assim, desde o começo certos indícios são oferecidos à sua atenção, como as pedrinhas do Pequeno Polegar, para lhe mostrar o caminho.

Às margens do rio Cobar, cinco anos depois do início de seu exílio, os deportados devem se sentir muito desesperançados perante um horizonte aparentemente fechado, como é o deles. O leitor, por sua vez, não pode deixar que também para ele o horizonte se feche. Ele sabe: por meio de um dentre eles, Ezequiel, os céus se abrem, deixando aparecer uma abertura nesse fechamento. De lá, uma voz se faz ouvir na noite escura do exílio. Ela toca no profeta para que se ponha de pé (Ez 2,1; 3,22), e lhe fornece as chaves para entender a catástrofe. O leitor atento não terá deixado de perceber esses elementos portadores de esperança desde o começo do livro: a presença junto aos deportados do descendente legítimo de Davi, sinal sensível da perpetuação da promessa que lhe foi feita (2Sm 7,11b-16); e também o profeta, suscitado por Javé entre os exilados para se dirigir a eles – outro sinal de que Javé não os abandona no próprio coração de sua provação. Tudo isso são elementos positivos, aos quais se acrescenta o lugar em que esse pequeno mundo se encontra: às margens de um curso de água – provavelmente um canal de irrigação – cuja água, sinônimo de fertilidade, é sempre sinal de vida possível (cf. Sl 1,3).

No que segue, outros elementos positivos vão intervir, como outras tantas pedrinhas brancas (por exemplo, Ez 11,19-21; 16,60-63; 20,39-44), indispensáveis para que o leitor não se deixe submergir pela onda negativa, mas continue a conservar a luz da esperança numa renovação que se concretizará nos anúncios da segunda parte do livro (por exemplo, Ez 34; 36; 37; 40–48). Com efeito, Javé "não deseja a morte do que morre" (Ez 18,32) e indica um caminho: praticar a justiça (Ez 18,5-9).

## Atos proféticos que sinalizam a queda de Jerusalém

Na maior parte das vezes, os gestos simbólicos dos profetas são surpreendentes, e à primeira vista estranhos. São obra de "malucos", poderíamos dizer. Os gestos pelos quais Ezequiel representa e arremeda o cerco e a tomada de Jerusalém não escapam dessa avaliação. Pelo contrário: à sua maneira contribuíram para sua reputação sulfurosa. Mas não se deve esquecer que devem ser entendidos na lógica do julgamento da cidade, que é o dos primeiros capítulos do livro. De resto, em vista da importância da tomada de Jerusalém no livro de Ezequiel, é surpreendente que nele se fale muito pouco do cerco. O profeta o lembra unicamente por meio da narração de um gesto forte que ele é convidado a realizar (Ez 4,1–5,2). Ele é mandado desenhar uma cidade sobre um tijolo e em seguida cercá-la: depois de ter colocado entre ele e a cidade uma placa de ferro erguida na frente dela à guisa de muralha, ele deve ir se deitar, primeiro sobre o lado esquerdo durante 390 dias para Israel, depois sobre o lado direito durante 40 dias para Judá. Cada dia do cerco assim encenado equivale a um ano de pecado a resgatar. A encenação é ainda mais dramatizada pela realização de gestos, dos quais alguns evocam o que se passa efetivamente durante um cerco, enquanto outros tocam na impureza ritual que o profeta deve aceitar. No primeiro grupo, cita-se o cerco e sua duração, que lembram ao mesmo tempo o número de dias em que Ezequiel deve ficar deitado e o racionamento de comida e de água (Ez 4,9-11.16-17; cf. também 5,12.16, em que se alude à fome, e 5,10, que lembra o canibalismo). Notar-se-á igualmente a menção de massacres e deportação, geralmente ligados ao cerco de uma cidade (Ez 5,1-2, cf. 12,1-6). A rara comida do racionamento, e particularmente seu modo de cozinhar, estão por sua vez ligados à impureza ritual, pois Ezequiel deve cozinhar seus biscoitos em cima de "excrementos humanos secos" (Ez 4,12). Mesmo que este elemento seja chocante para ele, pois afirma – e como não lhe acreditar? – ter ficado puro até então, não deixa por isso de ser fundamental na encenação pedida por Javé. Com efeito, lembremos que o termo "excremento" é usado para designar muito negativamente os ídolos. O jogo de palavras é muito eloquente: o que torna impuro e arrasta para o exílio não é tanto o comer pão cozinho dessa maneira pouco apetitosa, mas os ídolos odiosos para os quais o povo se volta. O profeta está consciente dessa impureza que lhe é imposta, e reclama disso (Ez 4,14; cf. Dt 26,13-15). Mas exigindo-o, Javé não está querendo convidar a entender que os ídolos não passam de matéria fecal? Provavelmente sugere ao mesmo tempo que é preciso queimar os ídolos, para se livrar deles e assim poder viver. A evidência é clara: por própria vontade o povo escolhe a abominação que o leva ao julgamento e à morte.

Ao drama gestual se junta a palavra oracular, para anunciar o julgamento e o castigo por uma espécie de encenação na qual o profeta arremeda de certa maneira o cerco de Jerusalém, cuja queda de fato é anunciada em Ezequiel 24,1. Notemos de passagem que a aproximação entre as datas de Ezequiel 24,1 e 40,1 permite ao leitor se dar conta de que o cerco durou por volta de 14 meses, sinal provável de que os habitantes de Jerusalém ofereceram resistência. Quanto ao exílio, anunciado igualmente pelo gesto profético em Ezequiel 12,1-11, sinal de que uma nova deportação seguiria à primeira, seria longo, muito longo. Serão necessários 390 anos para reparar o pecado da casa de Israel e 40 anos para reparar o da casa de Judá. Isso ultrapassará amplamente a duração de 70 anos que vêm ao espírito quando se trata de medir sua duração. Mas é necessário compreender que esses números são antes de tudo simbólicos: o número 40 lembra sem dúvida a duração típica de uma provação (o dilúvio =

40 dias; a marcha pelo deserto = 40 anos; ou ainda a permanência de Jesus no deserto = 40 dias). Essa duração é quase dez vezes menor que a outra (de 390 anos), sinal do contraste evidente entre Israel e Judá quanto à gravidade dos crimes cometidos. Certamente esses números continuam enigmáticos, mas podem sugerir que o crime de Israel, sua idolatria, é mais grave, porque remonta mais longe no tempo, pode mesmo remontar à saída do Egito (cf. Ez 20,7-8).

Seja como for, a sequência e o encadeamento dos gestos realizados por Ezequiel em 4,1–5,2 (a imitação do cerco com a primeira deportação), e depois em 12,1-11 (uma segunda onda de deportados), parecem indicar que certo tempo foi concedido aos habitantes deixados em Jerusalém para se converterem. Mas também isso foi inútil. Na realidade, o gesto realizado pelo profeta se dirige a seus companheiros de infortúnio, aos que já estão no exílio, e que ele convoca a compreenderem o presságio (Ez 12,6.11): independentemente do que pensarem e do que esperarem, o exílio acontecerá para todos, e ninguém regressará tão cedo a Jerusalém (cf. Ez 12,2). Todos devem, portanto, aceitar o julgamento. Este não significa a morte para todos. Um resto será salvo (Ez 12,16a). Então, por essas duas faces de uma mesma moeda – o julgamento e a salvação – eles conhecerão a Javé (Ez 12,15.16b). Com efeito, se a salvação é desde já anunciada para um resto, a queda de Jerusalém é inexorável, como o indica também o gesto profético que para Ezequiel consistiu em não poder chorar a morte de sua esposa (Ez 24,15-24; cf, 21,6-12).

## Os anúncios de restauração, chave de releitura

As ações simbólicas mostradas rapidamente acima são negativas, e significam o julgamento que levou ao exílio. A importância delas é sublinhada por tudo aquilo que no livro de Ezequiel anuncia o renascimento do povo, como o gesto das duas achas de lenha (Ez 37,15-19), imitação da restauração do povo na unidade reencontrada na palma da mão de Javé (Ez 37,19). O anúncio da restauração dos dois reinos e da reunião de seus exilados (Ez 37,26b-27) é uma antecipação da visão final do Templo, onde Javé e seu povo viverão de novo em aliança. Pode-se compreender facilmente que os anúncios proféticos não têm como fim predizer o futuro, seja ele como for. Referindo-se à ação muitas vezes imprevista de Javé, o profeta procura dar sentido ao presente. Assim, ele questiona sem cessar a fé de Israel, para tentar reformá-la. Ele quer que compreendam que seu deus não é um deus "desencarnado", longínquo, indiferente à sorte do parceiro, com o qual se aliou pessoalmente. Mas tal aliança implica uma responsabilidade ética, da qual a escuta da palavra divina é o principal motor. Desse modo, o livro de Ezequiel expressa "uma das mais acabadas reflexões sobre as causas do exílio" (NIHAN, 2009, 455). Ele coloca o drama em plena cena, para mostrar como sair dele. Assim, também o leitor é convidado a julgar e a não repetir os erros do passado, mas a construir em si a imagem do "resto" fiel, do qual o profeta é o modelo.

# 5
# Levantar-se, comer, falar e calar: a missão do profeta
*Tema 2*

Qual novo Moisés, Ezequiel recebe e exerce sua missão em terra estrangeira. Desta vez, não se trata do Egito do faraó, mas da Babilônia, a terra de exílio onde Israel se encontra por causa da escravidão que ele mesmo se impôs: a idolatria. Assim, perante um povo que se tornou um faraó para si mesmo, o profeta terá muito que fazer para fazer ouvir sua voz, e combater essa escravidão interior, bem mais sorrateira que a outra.

## Levantar-se e ficar em pé

Progressivamente Ezequiel foi posto em presença daquele que vai se dirigir a ele para lhe confiar uma missão particular. A clareza emerge pouco a pouco da visão inaugural que põe em presença um do outro o que envia e o que é enviado (Ez 1), até que este reconheça enfim, por trás de uma luz ofuscante, aquilo que era "o aparecimento da glória de Javé". Então, como que esmagado por essa revelação, ele se prostra com a face em terra (Ez 1,28). Imediatamente, o barulho confuso ouvido até esse momento se torna palavra articulada: ela ordena ao homem que se ponha de pé, pois ela vai lhe falar (Ez 2,1-2). É indispensável, portanto, que ele se levante, na posição do ser humano por excelência (cf. também Ez 3,22), para ouvir e em seguida levar a bom termo a missão que lhe vai ser confiada. Em outras palavras, ele não deve se deixar esmagar nem por aquilo que vê, nem pelo que vai ouvir. Assim, conforme o significado de seu nome "Ezequiel" ("Deus é forte/prevalece" ou "Deus torna forte/duro"), ele poderá resistir firme quando for confrontado com o endurecimento dessa "casta de rebeldes", para os quais é enviado, e que provavelmente não o escutarão (Ez 2,3-7).

A ordem de se levantar e ficar em pé, como também a maneira como é interpelado pela voz ("filho de humano") são indicativos da maneira específica com que Ezequiel será profeta. Para o compreender bem, será preciso dizer uma palavra deste título tão particular que o caracteriza, um título distintivo que Ezequiel é o único a receber em todo o Antigo Testamento, pois em Daniel 8,17, onde ele também ocorre, não se trata propriamente de um título que sirva para designar um profeta. Note-se inicialmente que o título "profeta" nunca é aplicado a Ezequiel, a não ser de maneira indireta ("eles saberão que um profeta esteve com eles", Ez 2,5 e 33,33), enquanto ele é frequentemente o sujeito do verbo "profetizar" (Ez 4,7; 6,2..., ao todo umas trinta vezes). Por outro lado, a expressão "filho de humano", sempre na boca de Javé ou de um de seus intermediários ao se dirigirem a Ezequiel, ao todo o designa mais de oitenta vezes no conjunto do livro. Isso indica sua importância. Por isso, podemos perguntar se a explicação muitas vezes aventada em notas nas traduções bíblicas em voga é satisfatória, ou em todo caso suficiente. Por exemplo: esse título "sublinha a distância entre Deus e seu profeta" (cf. *Bíblia de Jerusalém*, ou *Tradução Ecumênica da Bíblia*, nota a Ez 2,1) ou ainda "a fraqueza humana perante a glória do SENHOR (Ez 1,28)" (*Nouvelle Bible Second*, nota a Ez 2,1). Isso provavelmente poderia ser o caso se Ezequiel mesmo se definisse dessa maneira, ou o manifestasse, por exemplo, prostrando-se com o rosto em terra no momento em que ouve a voz que lhe fala, reconhecendo a proveniência dela (Ez 1,28) e dizendo algo como: "Eu sou apenas o filho de um ser humano". Ora, justamente nesse momento Ezequiel continua silencioso – ao menos não conta que respondeu alguma coisa. Portanto, é somente a voz que o interpela assim, convidando-o a se pôr de pé. Podemos perguntar então se para Deus não se trata de fazer com que esse "filho de humano" tome consciência de que ele é verdadeiramente um ser humano, e que é justamente por essa razão que ele não deve se deixar esmagar por aquilo que lhe acontecer – o que farão seus companheiros de infortúnio (cf., por exemplo, Ez 37,11) –, sendo o conservar-se em pé o sinal de sua qualidade de parceiro de Javé. Assumindo plenamente como sujeito o que ele é, ouvindo o apelo que lhe é dirigido, e respondendo positivamente à missão que lhe é confiada, ele assume sua responsabilidade e se torna um modelo de ser humano perfeito (um verdadeiro "Adão", em outras palavras), realizando a vocação que já era a desse pai do Gênesis, mas que este não soube ou não pôde cumprir. Aceitando a missão em pé, este "filho de humano" toma parte ativa na realização do projeto divino, ao qual se associa voluntariamente.

Olhar direto para frente, sair da cegueira, e ficar em pé: não é também isso que se pede aos exilados e, após eles, ao leitor? Adotar tal atitude não é certamente simples, mas, assumindo esse risco, o profeta é desde o começo um modelo a ser seguido.

## Comer o livro

Curiosamente, no livro de Ezequiel se passa da palavra ouvida e entendida à palavra comida (Ez 2,3–3,11). De fato, o profeta é convidado a assimilar completamente, comendo-o, um rolo que contém "prantos, gemidos e gritos" (Ez 2,10). Estes se encontram nos dois lados do rolo – quando normalmente se escreve só num lado – sinal de que são extremamente numerosos e que a missão do profeta, que deverá anunciá-los, será particularmente pesada. Ele mesmo dará sinal disso num dos raros pensamentos pessoais que revela a seu leitor (Ez 3,14).

Nem é de estranhar que essa missão se anuncie difícil. Isso é até indicado desde o começo: se ele é enviado à casa de Israel (Ez 3,4), é porque essa casa é uma "casta de rebeldes" (Ez 2,8). Toda essa gente fala – ou deveriam falar – a mesma língua que o profeta, a mesma que fala Javé. Deveriam, portanto, compreender o que lhes é dito. Mas para isso ainda seria necessário que escutassem, o que estrangeiros provavelmente fariam, se tais palavras lhes fossem dirigidas (Ez 3,4-10). Pensa-se aqui evidentemente em Jonas, que os ninivitas escutaram, convertendo-se para salvar a cidade, e com isso escaparam do castigo (Jn 3). Não será assim a acolhida de Ezequiel pelos seus. Javé o sabe: "A casa de Israel não quererá vos escutar, porque não querem escutar a mim, pois a casa de Israel tem a fronte endurecida e o coração obstinado" (Ez 3,7; cf. 3,19; 7,3-4…). Triste constatação formulada por Javé referente ao povo que ele escolheu como parceiro de aliança. Mas isso não para aí. O que conta para Javé, malgrado a acolhida glacial que lhe será reservada, é que um profeta esteja lá e continue a lhes fazer ouvir sua voz (Ez 3,11; cf. 2,5 e 33,33): é o sinal de sua paciência, de sua vontade de não abandonar seu parceiro às próprias opções deletérias.

Paradoxalmente, contudo, apesar de conter palavras de lamentação o rolo tem para Ezequiel o gosto e a doçura do mel (Ez 3,3), sinal talvez de que, quando completamente assimilada, a palavra divina, seja qual for, tem um sabor singular. Tornando-a sua ao digeri-la, o profeta está pronto a lhe dar voz por sua própria voz; ele se associa inteiramente e se põe plenamente a serviço da realização do projeto divino. Assim, a significação do título pelo qual Deus o interpela o mais das vezes se confirma: Ezequiel não é somente um modelo de ser humano, ele é também modelo do Israel crente, do resto fiel a seu deus e à sua palavra, pronto para enfrentar tudo por ela e para levar a bom termo sua missão, sustentado pelo próprio Javé. Isso se vai concretizar de maneira inteiramente particular quando da visão da recriação dos ossos (Ez 37,1-14).

A experiência do encontro que constitui Ezequiel profeta, e que ele narra como tal, não é banal. O que ele viu e ouviu o deixa num estado de estupefação, de prostração, durante sete dias (Ez 3,15). Durante esse tempo, Javé não se dirige mais a ele, como para o deixar assimilar a novidade desconcertante (Ez 3,16).

## O profeta-vigia, entre o anúncio do julgamento e o da salvação

Após aqueles sete dias necessários para digerir, no sentido próprio e no figurado, a palavra comida, com tudo o que ela tem de duro e de exigente para ele, o filho de humano é novamente interpelado. O leitor, lembrando-se do livro do Êxodo, terá percebido que esse lapso de tempo é o mesmo daquele após o qual Javé chamou novamente Moisés do meio da nuvem para lhe entregar as tábuas da Lei e o plano da morada (cf. Ex 24,16). Ezequiel é constituído como um vigia para a casa de Israel (Ez 3,16; cf. 33,1-7). O silêncio de Javé durante sete dias não é, portanto, sinal de que ele abandona os exilados. Pelo contrário, sublinha que sua presença com eles, como também a do profeta, tem qualquer coisa de ambivalente, ao mesmo tempo positiva e negativa, como o mostra à sua maneira a metáfora do vigia aplicada ao profeta.

Essa imagem certamente não é anódina, quando se trata de definir a missão específica de Ezequiel. Com efeito, alia os dois aspectos que fazem intimamente parte da maneira como Javé se dirige a ele: visão e palavra. Como um vigia que observa os arredores para avisar seus companheiros daquilo que se aproxima, perigo ou boa notícia, Ezequiel deve observar e advertir. Mas a especificidade do profeta-vigia é de estar de modo particular atento à palavra de Javé, para anunciá-la a seus contemporâneos (Ez 3,17; 33,7). Se não o faz, será responsável por não a ouvirem (Ez 3,18-21; 33,8-9). Desde seu lugar particular, o filho de homem tem um espaço privilegiado em relação aos outros para ver o que acontece (cf. também Is 21,6-9). Ele também deve adverti-los, para os levar a escolhas positivas, e isso, seja qual for a acolhida que lhe for reservada (Ez 3,25; cf. Os 9,8): escutem-no ou não (Ez 2,5.7.11; 3,27), seu imperioso dever é transmitir a palavra divina.

## Falar ou calar, *ou* falar e calar?

A ordem é clara: "Vá! Dirige-te aos exilados, aos filhos do teu povo; quer te ouçam, quer desprezem, falar-lhes-á e lhes dirás: 'Assim diz o Senhor Javé'" (Ez 3,11). Mas, alguns versículos adiante, ele recebe um aviso em aberta contradição – ao menos na aparência – com essa ordem:

> Pregarei tua língua ao teu paladar, ficarás mudo; já não poderás servir-lhes de repreensão, pois são uma casta de rebeldes. Mas, quando eu te falar, abrirei a tua boca e então dir-lhes-á: Assim fala o Senhor Javé: quem quiser ouvir, ouça, mas quem não quiser ouvir, não ouça, pois são uma casta de rebeldes (Ez 3,26-27; cf. também 24,27 e 33,22).

A dupla ordem tem qualquer coisa de paradoxal. A missão primeira do profeta é a de anunciar, de fazer ouvir a palavra de Javé – seja qual for a escuta efetiva que ela encontre. Essa palavra é inteligível (Ez 3,4-5), sinal de que Deus deseja entrar em diálogo com seu aliado. Por isso, o leitor poderá estranhar que o profeta seja intimado a ficar calado, e isto quase ao mesmo tempo em que recebe ordem de falar. A explicação é dada sem tardança: essa ordem é a consequência da maneira segundo a qual os contemporâneos do profeta o acolhem, já que o amarram para lhe tirar toda liberdade de ação (Ez 3,25), e, portanto, toda possibilidade de levar a bom termo sua missão. Além disso, Javé se justifica: tornando-se mudo, Ezequiel não será mais um "homem da denúncia" para a casta de rebeldes que não o escuta (Ez 3,26). Já que seus contemporâneos se recusam a escutar o profeta, o próprio Javé lhe impõe de se calar: seu mutismo marcará a ruptura de um diálogo que é, entretanto, fundamental entre parceiros. O silêncio pode também ser o sinal de que, quando o diálogo não é possível, melhor é calar, na esperança de que esse silêncio questione.

Sinal e presságio (Ez 12,6.11; 24,24.27) da presença divina, o simples fato de que o profeta esteja aí, mesmo mudo, deveria levar o povo a mudar de atitude e abandonar seu comportamento habitual: revoltas, obstinação e o coração endurecido que de geração em geração o levou a rejeitar Javé e sua aliança (cf., por exemplo, Ez 2,3-4; 20,30…). Assim, apesar do silêncio ao qual é constrangido, o profeta-vigia conserva um papel positivo em relação à salvação. Aliás, no momento mesmo em que tudo parece acabado e sem esperança é que sua palavra poderá ser ouvida de novo (Ez 24,24-27; 33,21-22).

Paradoxalmente, ainda que o profeta seja obrigado a ficar calado, na realidade não para de falar, pois conta a seu destinatário número dois, o leitor, o que Javé lhe continua comunicando. Contrariamente ao profeta, Javé não pode se calar. Javé não cessa de se dirigir ao profeta, e por meio dele ao leitor. Essa simetria quanto à palavra divina entre os contemporâneos do profeta e do leitor é particularmente significativa. Para o leitor, ela é o sinal de que a ruptura do diálogo não é definitiva. Em todo caso, Javé não pode ou não quer se resignar a isso. Mas, que esse "homem da denúncia" (Ez 3,26) se cale, é também o sinal de uma radicalização da mensagem que acusa esse povo que decretou a ruptura. Nesse quadro, o silêncio se torna um ato simbólico que representa a impossibilidade de sair do impasse por uma palavra que, se fosse comunicada, permitiria – expondo todas as queixas – restabelecer certa justeza nos relacionamentos entre acusador e acusado. Isso é bem de acordo com os usos do requisitório profético (rîb), que não visa senão o retorno rápido e pacífico à aliança.

O que devolve a palavra ao profeta é o anúncio que lhe é feito da queda de Jerusalém (Ez 24,24-27; cf. 33,21-22). Esse acontecimento marca o ponto de inflexão na missão do profeta. Mas, paradoxalmente, acontece sem barulho, num silêncio quase ensurdecedor, tanto ele ecoa: mesmo fundamental, esse acontecimento não é narrado como tal. Se foi lembrado no começo do livro por um ato simbólico (Ez 4,1–5,2), e depois em Ezequiel 24 pela metáfora da panela cuja ferrugem lembra o sangue derramado pelos habitantes de Jerusalém, cidade sanguinária (Ez 24,1-14), o anúncio disso é feito de maneira brutal por um fugitivo (Ez 24,26; 33,21-22), sem nenhuma descrição das respectivas circunstâncias. Assim, o que devia acontecer, aconteceu. A gravidade do momento é sublinhada, e mesmo dramatizada, por essa notícia tanto lacônica quanto cortante: "a cidade foi tomada" (Ez 33,21). A ligação de causa e efeito entre a queda da cidade e a abertura da boca do profeta é evidente. Tudo se passa como se o silêncio, caído de repente sobre Jerusalém, devolvesse ao profeta não somente sua capacidade de falar, mas também, quem sabe, a possibilidade de ser ouvido: presságio para seus contemporâneos, ele viveu antecipadamente, pelo luto proibido por sua esposa, o que eles passavam no presente. Sua experiência lhes pode permitir reconhecerem a ação divina no drama que vivem (Ez 24,25-27 e 33,21-22).

O abrir-se a boca do profeta assinala a possibilidade de um novo começo. O silêncio tinha-se tornado uma necessidade, sem dúvida paradoxal (cf. também Am 8,3), indispensável à tomada de distância, em particular com relação à injustiça cometida. Isso permite olhá-la de frente, reconhecê-la, e desfazer-se dela, para abrir um novo horizonte de esperança baseado na identidade profunda do Deus de Israel: "Convertei-vos, abandonai os vossos maus caminhos: por que haveis de morrer, ó casa de Israel?" (Ez 3,11). O silêncio paradoxal convida a assumir suas responsabilidades face às ações cometidas. Isso significa um corte claro em relação à injustiça perpetrada. Assim, o silêncio do profeta contribui para o verdadeiro conhecimento de Javé, necessário para entrar enfim, outra vez, em diálogo com ele.

## Contra tudo e contra todos: o profeta no meio do povo

Reconhecer um profeta não é coisa fácil. Antes de tudo, marcada pelo anúncio do castigo, a palavra que ele deve transmitir não é fácil de ser ouvida face à sedução das palavras falaciosas dos falsos profetas, que profetizam o que vem deles mesmos, de sua própria inspiração, quer dizer, sem terem recebido ordem de Javé (Ez 13.2.17). Usam a fórmula "oráculo de Javé" a torto e a direito (Ez 13,6), mas suas visões são ilusórias, e suas palavras, enganadoras. Espécie de "populistas" antecipadamente, repetem o que o povo quer ouvir, e o levam a rejeitar o verdadeiro profeta enviado por Javé (Ez 12,21-28).

Quanto a esse profeta, ele está lá. Fale ou se cale, quer seja ouvido quer não, ele é um sinal da presença de Javé junto aos seus (cf. Ez 2,5; 29,21; 33,33). Está aí para anunciar que nenhuma palavra de Javé tardará a se realizar (cf. Ez 12,28). Quando isso se der – pois Javé guarda sua palavra e faz o que diz (cf. Ez 37,14b) – o povo perceberá a verdadeira medida de sua palavra. Tomando-a finalmente a sério, o povo a ouvirá e se dará conta de que jamais foi abandonado (Ez 33,33).

## Ezequiel, profeta como Moisés, à sua maneira

> Suscitarei para eles um profeta como tu do meio dos seus irmãos; porei as minhas palavras em sua boca e ele dir-lhes-á tudo o que eu lhe ordenar (Dt 18,18).

É isso que Javé promete a Moisés, justamente antes da entrada do povo na terra prometida. De certa forma, cada profeta cumpre essa promessa e é – junto com certos aspectos que lhe são próprios – um novo Moisés. Ezequiel não foge dessa regra. Como Moisés, vive no estrangeiro e pode se conservar em pé na presença de Deus, para dialogar com ele (cf. Ez 34). Mas o que principalmente aproxima Ezequiel de Moisés é que ele é o profeta da refundação do Templo. Assim, de maneira muito precisa, e nos traços de seu ilustre modelo, Ezequiel fornece as medidas desse novo espaço de encontro e de vida (cf. Ex 35,8–40,38 e Ez 40–48), um espaço que a Glória de Javé adota e habita, como antigamente a Tenda erguida por Moisés no deserto (Ex 40,34-38 e Ez 43,1-12; 48,35b).

Como seus predecessores, Ezequiel faz ressoar a palavra divina que recebe, na esperança de que seus contemporâneos a ouçam, e retornem a Javé na aliança, observando a *Torá*. No livro de Ezequiel, trata-se ao mesmo tempo de um convite urgente e de uma esperança que, se for acolhida por seus contemporâneos, permitirá efetivamente a realização da grandiosa visão final em que Javé e seu povo habitarão em paz no Templo renovado, ao mesmo tempo novo Éden, nova Terra Prometida e nova Jerusalém. Se o livro termina com essa esperança, é provavelmente para dar uma mensagem ao leitor: é da sua responsabilidade que isso aconteça. Para auxiliar nessa tarefa vital, o leitor tem um guia bem particular: o próprio profeta. Com efeito, segundo sua maneira de ser e de cumprir sua missão, ele é o modelo do crente, de Israel, em primeiro lugar, e mais especialmente do pequeno resto que continuou fiel e por isso inocente. Como Israel, o profeta tem uma missão particular. Mas ao contrário da maioria de seus contemporâneos, que recusou escutar a palavra de Javé – o que os levou ao exílio –, o profeta, imagem do "resto", põe sua confiança inteiramente nessa palavra, a ouve, a faz sua e se associa a ela. Numa palavra, ele colabora ativamente para que ela possa efetivamente se cumprir. O leitor (indivíduo ou comunidade) é convidado a fazer a mesma coisa, de geração em geração.

Caso se torne a situar essas observações na época da escrita do livro, podemos entender como a comunidade que a fez se reconheceu no profeta, fazendo-se e compreendendo-se a si mesma enquanto forjava a figura do profeta, encarnação do ideal de acolhida da palavra divina e da realização da missão que lhe fora confiada.

# 6
# Do caos à clareza
*Tema 3*

## As visões

É bom dizê-lo mais uma vez: uma das particularidades do livro de Ezequiel são as quatro grandiosas visões que o ornam. Vamos dispô-las num quadro, conforme sua ordem, a fim de as visualizar antes de fazer algumas observações globais.

|   |          | conteúdo                         | lugar     |
|---|----------|----------------------------------|-----------|
| 1 | Ez 1–3   | Instauração do profeta (Glória)  | Babilônia |
| 2 | Ez 8–11  | A Glória deixa o Templo          | Jerusalém |
| 3 | Ez 37,1-14 | Os ossos devolvidos à vida     | Babilônia |
| 4 | Ez 40–48 | A Glória volta ao Templo         | Jerusalém |

As visões 1, 2 e 4 falam da glória divina. Ela se manifesta no coração do caos do exílio, no qual instaura um profeta (1. Ez 1–3); ela deixa o Templo de Jerusalém e se exila (2. Ez 8–11) antes de voltar ao Templo de Jerusalém inteiramente restaurado e ordenado (4. Ez 40–48). As visões 2 e 4, em que a Glória deixa o

Templo e depois volta a ele, têm lugar em Jerusalém, para onde o profeta é transportado desde o lugar em que está exilado. Elas explicitam a sorte da cidade: primeiro, seu abandono atual por causa das ações de seus habitantes, que já provocaram o exílio de uma parte deles (visão 2), depois, sua restauração futura (visão 4). Quanto às visões 1 e 3, o profeta as tem na Babilônia. Elas falam da sorte dos exilados: o estabelecimento de um profeta no meio deles é sinal de que não foram abandonados por Javé (visão 1); a vida que volta aos ossos anuncia sua restauração futura (visão 3). Como vemos, é possível aproximar as visões, duas por duas, em função de seu conteúdo: 1 e 2 têm ligação com o exílio, o do povo ou o da "glória"; 3 e 4 visam a restauração. Podemos também aproximar as visões, duas por duas, em função do lugar em que acontecem: 1 e 3, na Babilônia; 2 e 4, em Jerusalém. Notemos que não é sem motivo que a glória de Javé seja assim posta em cena, pois lembra a presença divina junto aos seus em momentos-chave da existência deles (cf., por exemplo, Ez 16,10; 24,15b-18).

Esboça-se assim uma espécie de movimento pendular característico da mensagem contida no livro: entre o julgamento punitivo e a salvação (conteúdo), entre a terra de exílio e a terra da promessa (lugar), mas também entre o caos e a ordem restaurada (primeira e última visão). Numa palavra, entre o presente dramático e o futuro esperado. No presente, a recusa da aliança pelo povo traz o caos. O julgamento divino visa trazer de volta a ordem necessária à restauração do povo unificado: esse processo passa por uma nova criação, um novo êxodo, uma aliança eterna, um novo Davi, e enfim o Templo renovado.

No hoje dos exilados concentrados sobre si mesmos (cf. Ez 37,11), a saída positiva pode parecer um sonho inacessível. Isso talvez seja para mostrar que nada há de que o profeta não esteja de fato consciente, plenamente desperto (cf., por exemplo, Ez 8,1), quando recebe essas visões. Ele não as tem em sonho, como outros personagens bíblicos (cf. Nm 12,6 ou Zc 1,8 e 4,1), e evidentemente esse fato particular não é sem incidência sobre a constituição da personalidade deste profeta singular.

## Eu tive visões divinas

A visão inaugural do livro está intimamente ligada com a missão profética. Ela é particularmente significativa, na medida em que de imediato esclarece as duas faces da moeda da mensagem que nosso profeta terá de anunciar. Ezequiel narra. Ele é testemunha da abertura dos céus, o que prepara suas visões divinas (Ez 1,1b). Ora, o abrirem-se os céus às vezes é prelúdio dum anúncio de julgamento e de punição (Gn 7,11; Is 24,18), ou de uma abundância de dons (cf. Dt 28,12; 2Rs 7,2; Ml 3,10; Sl 78,23s.). Assim, desde o início o leitor é colocado na pista de uma certa complexidade, e em todo caso dos dois aspectos fundamentais da mensagem que o profeta terá de proclamar.

Transbordante de luz, a primeira visão com a qual Ezequiel é confrontado é ofuscante. Mais do que se poderia imaginar, isso demonstra que não é simples exprimir o inexprimível, representar o irrepresentável. Falar de Deus não é uma sinecura, e isso se traduz em um relato complexo ao primeiro contato, e mesmo caótico. As palavras do profeta são confusas e desordenadas: dão a impressão de que nem mesmo ele compreende bem o que lhe acontece, nem o que está vendo. Ele parece ao mesmo tempo desorientado e fascinado pela irrupção divina, brilhante como o sol, enquanto seu dia a dia, em que ela o surpreende, é antes escuro. Para narrar o que vê, Ezequiel lança mão de elementos que ele domina. Apela a uma terminologia que serve para falar do corpo humano ou animal. Mas, usando esses códigos conhecidos, faz certa confusão, pois o que descreve não é nem humano nem animal. É qualquer coisa que se movimenta de tal maneira e em todos os sentidos, que parece algo que deixa meio tonto. Pouco a pouco, contudo, emerge o inteligível. Paradoxalmente, isso é ao mesmo tempo conhecido, e por isso animador, e também desconhecido, e por isso desestabilizador. A cegueira inicial à qual os olhos devem se habituar dá aos poucos lugar a um ver que se torna coerente. Paralelamente, o ruído ensurdecedor que Ezequiel ouve se articula progressivamente numa palavra que se torna audível e compreensível.

Seguindo passo a passo a narração do profeta, o leitor é levado – como o próprio Ezequiel o é por aquilo que vê e ouve – a interpretar e a compreender o que se descortina lentamente a seus olhos e a seus ouvidos: a Glória de Javé, e o que ela se prepara para dizer. O caminho para chegar a essa clareza se mostra gradativamente, num crescendo. Vai do esmagamento inicial do profeta que tem a visão (Ez 1,28b) à capacidade de se levantar e ficar de pé (Ez 2,1; 3,22) para escutar. Esse movimento aponta para qualquer coisa de importante: O "filho de homem" é convidado a passar do ver ao ouvir uma palavra que é dirigida a ele. Mas para isso é necessário que ele continue em pé, postura vital para o ser humano. Não há aqui uma alusão discreta ao início do Gênesis? De fato, lembremos alguns termos que fazem eco a Gênesis 1, por exemplo "firmamento" (Ez 1,22.23.25.26, cf. Gn 1,6…) ou "semelhança" (Ez 1,5.10.13.16.22.26.28, cf. Gn 1,26). Colocado num mundo caótico, sobre o qual Deus age para pôr ordem nele, esse "filho de Adão" recebe uma missão intimamente ligada à palavra.

A visão inicial põe o dedo no atual problema: o exílio causou uma separação, e dois mundos que deveriam viver em sinergia, o humano e o divino, de agora em diante parecem opostos. O dos humanos é caótico, enquanto o outro, malgrado o movimento que o caracteriza, não parece afetado pela confusão. Ao contrário, Javé tem o claro projeto de pôr de novo ordem nesse caos que invade tudo, para aí tornar a vida novamente possível.

Essa primeira visão é importante, porque fornece elementos úteis para compreender como está caracterizado o personagem divino no livro de Ezequiel: o vento tempestuoso e a nuvem que Ezequiel vê em primeiro lugar (Ez 1,4) evocam ao mesmo tempo a arca da aliança e a guerra. Esta, aliás, é também sugerida pela imagem do carro que surge do conjunto da descrição e pelo arco (Ez 1,28). Tais elementos apresentam desde o início um Deus com traços guerreiros. Este primeiro traço não deve, porém, apagar um outro: o do Deus juiz. Como foi dito, isso é sugerido pelo fato de abrirem-se os céus, mas também pela tempestade, um elemento teofânico que lembra o julgamento divino (cf., por exemplo, Is 59,15-20). Além disso, que a tempestade venha do Norte não é sem razão: lugar mítico da habitação da divindade (cf. Sl 48,3), para os habitantes da Judeia o Norte é também a região de onde vêm os caldeus. Assim, o Deus que Ezequiel evoca ao relatar sua visão é antes de tudo um guerreiro que vem julgar seus adversários, entre os quais se encontra em primeiro lugar Israel, essa "casta de rebeldes" (Ez 2,1–3,11) que se recusa a escutar e prefere voltar-se aos ídolos. Da primeira visão emerge outra característica do Deus do livro de Ezequiel: a mobilidade. Até seu trono se move! Por esse movimento incessante, é sua liberdade que é proposta, uma liberdade que lhe permite não somente acompanhar os exilados na Babilônia, mas também realizar o completamente novo para eles, além das ações que tornaram indispensável o julgamento e a punição dos culpados.

## A glória deixa o templo por causa das abominações do povo...

Na segunda visão, a Glória de Javé deixa o templo, depois de ter revelado as razões ao profeta. Ela apresenta numerosos ecos terminológicos com a visão inaugural, sobretudo no próprio início quando a Glória se mostra ao profeta (Ez 8,1-5), e depois quando ela se prepara para partir (Ez 10,1-22). Bem resumidamente, pode-se estruturar esse texto assim:

| | |
|---|---|
| 8,1-3 | Introdução: o Profeta é levado da Caldeia a Jerusalém, ao Templo |
| 8,4-18 | Na presença da Glória de Javé: as *abominações do povo*, em crescendo |
| 9,1-11 | Anúncio do castigo da cidade. Profeta intercessor |
| 10,1-22 | Visão da GLÓRIA DE JAVÉ QUE SE PREPARA PARA DEIXAR o Templo |
| 11,1-4 | Retorno às *abominações do povo* |
| 11,5-13 | Oráculo contra os chefes que enchem a cidade de violência, e morte do fugitivo |
| 11,14-21 | Anúncio de restauração |
| 11,22-25 | A GLÓRIA DE JAVÉ DEIXA Jerusalém em direção à Caldeia, para onde o profeta é levado de volta |

Então, quando se encontrava sentado em sua casa, com os anciãos deportados com ele, Ezequiel foi agarrado por uma mão que o levou a Jerusalém. É preciso que ele veja e que compreenda. Essa mão o ergue entre o céu e a terra nesse ambiente em que os dois espaços, o divino e o humano, se encontram. A mão o leva primeiro para o pórtico Norte do Templo. Lá está instalado o ídolo do ciúme – ou da inveja (Ez 8,3; seria Aserá? Cf. 2Rs 21,6-7). A Glória de Javé poderá coabitar com ela? E o problema ainda aumenta, pois esse ídolo não é a única abominação dos habitantes de Jerusalém. O profeta o constata por si mesmo. Transportado a diferentes lugares do Templo, ele observa as "grandes abominações" (Ez 8,6) de seus contemporâneos; depois de ter visto o ídolo da porta Norte, à entrada do átrio, Ezequiel abre um buraco no muro através do qual ele vê pintadas figuras de animais, de répteis e de ídolos (Ez 8,10). Diante deles, estão parados setenta anciãos – esse número simboliza a totalidade. Estão todos lá, e nem um sequer se lhes opõe. Os anciãos oferecem incenso àquelas imagens (Ez 8,11). Eles, que deviam guiar o povo, estão ali às escondidas para apresentar oferendas a deuses que escolheram para si, e além disso pensam que Javé não os vê, pois, segundo dizem, ele abandonou o país (Ez 8,12). Ezequiel – e o leitor com ele – pode aqui se perguntar com razão: foi Javé que abandonou o país, ou foram seus habitantes que abandonaram seu Deus? É evidente que para os chefes Javé não conta mais, quando para Javé o povo conta mais que tudo. Se não, por que mostraria ele tudo isso ao profeta? Dito isso, no espírito daqueles que foram deixados em Jerusalém a primeira deportação parece argumentar claramente contra Javé, pois esses remanescentes não compreenderam a mensagem que lhes tinha sido enviada. Depois de ter visto aqueles anciãos, Ezequiel volta à entrada do pórtico Norte, onde pode observar mulheres que choram por Tamuz (a deusa babilônica da vegetação); depois, vê ainda vinte e cinco homens que se prostravam em direção ao oriente, a direção onde nasce o sol, voltando dessa maneira as costas ao Santo dos Santos, morada da Glória de Javé. Numa palavra, era no próprio Templo que eles se voltavam resolutamente para os ídolos (cf. também Jr 32,34-35).

A acumulação em crescendo das distorções na relação para com Javé visa provocar o mal-estar, tanto em Ezequiel como no leitor. Ambos são assim levados a compreender a atitude divina. Pois todo esse pequeno mundo não para de ofender e irritar a Javé (Ez 8,17), que não o suporta mais. Num primeiro momento, ele decreta que não ouvirá mais seu povo (Ez 8,18b). A taça está cheia: uma vez que eles não o escutaram, também ele fará o mesmo (cf. também, por exemplo, Jr 11,14 e 14,11). Em seguida, ele ameaça com um castigo imediato (Ez 9,1).

Mesmo em tais circunstâncias, Javé não consegue se decidir a cortar todas as ligações (Ez 9,4 e 11,14-21). É por isso que, antes que o castigo comece, ele faz com que sejam salvos aqueles que em Jerusalém lamentam todas as abominações que aí se cometem. Esses tais são marcados com um sinal que lhes garante a salvação (Ez 9,4-6, uma passagem que não deixa de lembrar Ex 12,13). Quanto aos outros, são todos atingidos sem compaixão, a começar pelos anciãos. Durante esse tempo, o profeta tenta interceder (Ez 9,8), mas é tarde. Os habitantes de Jerusalém foram longe demais (Ez 9,9-11), e a Glória de Javé não tem outra escolha senão partir (Ez 10 e 11,22-25).

A visão referente a essa partida é trágica, e o movimento da Glória, obrigada a deixar sua habitação, tem em primeiro lugar um sentido negativo. Significa que o Templo não é uma garantia incondicional de salvação para os habitantes da cidade. Ao contrário. Se Javé decidiu morar ali com seu povo, ele pode também decidir de o deixar, de ir para outros lugares, e de fazer com que seja destruído esse Templo que se tinha tornado um simulacro de vida em aliança. Mas isso não quer dizer que ele abandona seu povo e que não habitará com ele. O que segue no livro de Ezequiel o confirmará. Mas, num primeiro momento, o ir embora "sela o destino funesto de Jerusalém, do reino e dos últimos reis da dinastia davídica" (DE HAES, 2019, 34), porque a aliança de ontem ficou dramaticamente comprometida pelas opções do povo.

Acrescentemos enfim que, como sempre no livro de Ezequiel, a moeda tem duas faces. Pois com certeza há também um lado positivo nessa visão dramática narrada de maneira tão impactante. Com efeito, por meio dessa narração o livro de Ezequiel afirma que, se Javé está ligado a um povo particular, ele não está amarrado a um lugar determinado. Por isso, não é a presença divina num lugar específico que salva o povo. Os que creem nisso têm uma concepção ilusória e distorcida da salvação. O que salva é a maneira de agir, uma ética segundo a *Torá* (Ez 11,19-21), bem o contrário do que o profeta pôde constatar até aqui nessa visão.

## ...e retorna, após a purificação do país e do Templo

A grande visão do Templo reconstruído (Ez 40–48), última do livro, está em ligação direta com aquela de que acabamos de falar. Também aqui as evocações da visão inaugural são numerosas, o que faz das três visões da Glória de Javé um todo coerente, uma espécie de fio condutor no livro.

Esta visão põe em cena uma grande utopia narrada com muitos detalhes. O Templo é reconstruído e a Glória pode voltar para ele. Dimensões e regras bem precisas são fixadas para o altar, para os sacrifícios e para o modo que permita entrar nele, de sorte que assim também os ritos são renovados. O país é reunificado e tem novos contornos; ele é ao mesmo tempo Templo, cidade e jardim, de onde corre a água que dessedenta e regenera a criação. A realeza é reformada, e o sacerdócio, purificado. O nome desse lugar será "Javé está ali" (Ez 48,35). Eis uma estrutura do conjunto, bem esquemática:

| 1. | 40,1–43,12 | O novo santuário – descrição estática |
|---|---|---|
| | transição 43,13-27 | o altar |
| 2. | 44,1–46,24 | Prescrições de acesso ao santuário e para o culto – descrição dinâmica |
| | transição 47,1-12 | A água vivificante que corre do templo |
| 3. | 47,13–48,35 | Repartição da terra entre as 12 tribos |

O conjunto Ezequiel 40–48 é complexo e desconcertante. Podemos até sentir-nos tentados a fechar o livro, antes de chegar ao fim dele. Mas seria pena abandonar a leitura neste ponto, sem ter visto a palavra final, fazendo a leitura até o fim.

A visão acontece dez anos depois dos oráculos que imediatamente a precedem. Precisa-se de tempo para passar pela morte e voltar à vida. Assim, por positivo que seja, o anúncio da restauração completa do espaço social não pode ser expresso antes que se tenha deixado um espaço para descansar e se desenvolver os germes de reflexão semeados por tudo aquilo que precede a essa visão. Será que sem um retorno sereno e pacífico ao julgamento e às suas razões, e por isso sem uma verdadeira conversão que recoloque a prática da justiça no coração da vida, a vida em aliança poderá ser verdadeiramente possível? Uma verdadeira renovação, bem como a interiorização de que ela necessita, precisa de tempo. Dito isso, a reconstrução do Templo já tinha sido anunciada em Ezequiel 20,40 e 37,24-28. Quanto à descrição dessa reconstrução, feita nos capítulos finais do livro, retoma grande número de elementos do primeiro templo (cf. 1Rs 6–7), mas a construção é profundamente transformada.

Na realidade, mais que de uma simples reconstrução do Templo, trata-se de uma verdadeira refundação que transforma radicalmente os dados do mundo antigo, aquele que tinha estruturado a sociedade israelita desde a saída do Egito. Extremamente exato e minucioso nas medidas dadas, mesmo para os menores detalhes, o plano é muito difícil de ser imaginado. Na realidade, o texto bosqueja um plano "perfeito", de precisão simbólica. Numa palavra, um mundo ideal em que reinam a ordem e a clareza. Por isso, não é de estranhar que essa descrição minuciosa retome também numerosos elementos que caracterizam o jardim do Gênesis. No novo Éden, a separação entre puro e impuro será bem clara, de sorte que não haja mais confusão possível quanto ao lugar que cada um dos parceiros da aliança deverá ocupar, como também os poderes, tanto o dos sacerdotes como o do rei, que serão limitados. A propósito disso, notar-se-á que o novo sucessor de Davi não é mais chamado de "rei", mas de "príncipe", dando assim a Javé o seu lugar e a primazia de Rei de Israel. Nesse mundo contemplado pelo profeta, a Lei será a palavra-mestra de cada um, e os limites – definidos muito exatamente – não poderão mais ser ultrapassados (cf. Ez 36,26). Assim, os abusos de poder que tiveram curso livre no passado e levaram o povo à idolatria por causa de suas implicações religiosas e políticas, daqui em diante serão impossíveis nesse novo espaço social, cujo anúncio constitui por isso uma verdadeira mensagem de esperança.

## Os ossos novamente revestidos

Entre as visões, há uma que não está diretamente ligada à Glória de Javé. Ela anuncia a nova criação do povo – preâmbulo necessário para a realização da última visão do livro, uma recriação da qual o profeta participa (Ez 37,1-14). Em certo vale, cheio de ossos "completamente secos", Ezequiel é posto diante de uma questão capital: podem eles reviver (Ez 37,3)? Somente Javé é capaz de lhes devolver a vida, responde ele. Essa volta à vida passará por um novo êxodo que é ao mesmo tempo uma nova criação. Assim, os exilados que creem estarem perdidos para sempre (Ez 37,11) reencontrarão vida e liberdade. Essa renovação radical se dá graças à cooperação ativa de Javé e de seu profeta, que junta sua própria palavra à palavra divina para trazer de volta à vida seus contemporâneos. Mas isso não acontece imediatamente: o profeta tem de fazer isso duas vezes, o que suscita algumas observações. Aqui, como em Gênesis 2,7, o ser humano é (re)criado em duas etapas: primeiro o corpo é modelado; em seguida, recebe o sopro de vida. Se essa aproximação dos dois textos é evidente, as duas etapas necessárias para a volta à vida podem indicar mais uma coisa. Negativamente, sublinham o endurecimento do povo no pecado, o que conduziu a uma morte da qual é difícil retornar, a tal ponto inclusive que Javé não age sozinho, mas junta sua palavra à do filho de Adão-profeta, modelo do ser humano que assumiu positivamente o projeto divino. Isso também sugere que Javé não pode se conformar com a morte de seu parceiro, e faz tudo para o tirar dela, e ressuscitar assim o povo, com o apoio e a colaboração daquilo que resta do Israel que crê, e cujo modelo é o profeta. Dessa maneira, é de fato anunciada a repetição da história da salvação, como se vê claramente no que segue em Ezequiel 37.

No livro de Ezequiel, o conjunto das imagens usadas para narrar as visões está formado por duas culturas combinadas de maneira única e harmoniosa, fruto da integração da cultura babilônica com a cultura bíblica. Daí resulta a descrição de um mundo chamado à mudança, passando do caos que caracteriza o momento particular vivido pelo profeta e seus companheiros de exílio para a ordem ideal e estável da visão final do livro (Ez 40–48). O movimento e a estabilidade, que marcam as visões, são dois elementos que caracterizam também Javé do começo ao fim do livro: ele é um Deus capaz de mudar, de se adaptar às situações novas que acontecem. Ele necessariamente não escolheu nem desejou essas novidades: às vezes, até tentou de tudo para que elas não acontecessem (o exílio, por exemplo). Mas é capaz de mudar o que é negativo, de sorte que seu aliado possa viver.

# 7
# Metáforas familiares ligadas à nudez
# (Ez 16 e 23)
## Tema 4

No livro de Ezequiel, como também em outros profetas, a idolatria do povo é a chave fundamental para compreender por que o povo deve ser julgado e punido. Essa idolatria toma essencialmente duas formas, uma religiosa – os outros deuses –, e outra política – as alianças feitas com outras nações.

## Como descrever a eleição, a aliança e a idolatria?

A idolatria – oposta à aliança – prostitui o coração e os olhos, e arrasta Israel às piores abominações (Ez 6,9), que o levam à morte. Javé não pode permitir que isso aconteça. O profeta conta isso numa história que é a história do Israel bíblico. Ele o faz num grande afresco, muito realista (Ez 20), entrelaçando metáforas tiradas dos laços familiares (Ez 16 e 23). O conjunto deles (pais/mães e filhos/filhas, marido/mulher, irmãos/irmãs) pode dar lugar a sentimentos pacíficos e expansivos, mas também ser fonte de conflitos. Usados como metáforas para evocar a relação entre Javé e Israel, esses laços permitem exprimir ampla gama de sentimentos mais ou menos fortes: do amor tranquilo à paixão, da indiferença ao ódio, com tudo o que há de degradante entre um extremo e outro. Duas imagens familiais – a relação pais-filhos e o matrimônio – ilustram especialmente bem duas outras noções fundamentais, que por sua vez exprimem a ligação entre Javé e seu povo: a eleição e a aliança.

Javé é ao mesmo tempo pai (Ez 16,4-6) e esposo (Ez 16,8) do povo, que neste caso se torna uma figura feminina. Isso não deve causar estranheza. A personificação feminina do conjunto de um povo ou de uma capital – metonímia para seus habitantes, eles mesmos por sua vez representantes de todo o povo – é bem corrente no Antigo Oriente Próximo. Assim, no livro de Ezequiel Jerusalém é tanto filha (Ez 16,3-7) como esposa (Ez 16,8-13) de Javé, mãe de seus filhos, quer dizer, do povo, em suas gerações sucessivas (Ez 16,20; 23,25). Essa mulher é também a irmã de outras cidades (Ez 16,45-58; 23,2), numa relação potencialmente igualitária entre Israel e as nações, com todos os aspectos positivos e negativos que isso possa ter. É o ideal de viver junto com os outros que é assim metaforizado. Retomemos essas imagens mais em detalhes.

A imagem de Javé como pai de seu povo simboliza a eleição com uma dimensão "genética": em razão da iniciativa gratuita de Javé, a eleição é ao mesmo tempo fundadora e irreversível (cf. Ex 4,22-23). Fundadora: o pai dá a vida e protege seu filho, educa-o para que se torne um adulto autônomo e responsável, capaz de ser pai por sua vez. Quanto ao filho (a filha), ele (ela) honra o pai ouvindo sua palavra que o (a) chama à vida e à felicidade (cf. Dt 5,16). Irreversível: a ligação é determinada pelos laços de sangue e por isso não pode ser rompida – nem em caso de adoção – haja o que houver de eventuais incompatibilidades de caráter.

Dizer que Javé é "pai" exige logicamente a presença de uma mulher, mãe do "filho". No mundo bíblico, essa figura feminina ao lado de Deus não é uma deusa, mas o próprio Israel. O livro de Ezequiel introduz aqui uma novidade: antes de ser mãe, Jerusalém – metonímia para seus habitantes – é uma filha que Javé adota e cria (cf. Ez 16,2 e 23,2). Reunindo assim numa sequência coerente as imagens de filha, esposa e mãe, o livro de Ezequiel abraça o passado, o presente e o futuro do povo.

A metáfora filial evoca relações verticais baseadas sobre uma autoridade que se funda sobre a precedência entre gerações. Isso praticamente não deixa lugar à inovação. Por outro lado, a metáfora nupcial se desenvolve sobre o plano horizontal e permite certa criatividade. Seguramente, o aspecto da autoridade está aí, mas o parceiro que aqui detém a autoridade – o homem na sociedade patriarcal, Javé na metáfora – pode renunciar a ela livremente. Abre assim ao outro o caminho da reciprocidade, numa relação de autêntico companheirismo. Percebe-se toda a importância dessa imagem, suscetível de representar do melhor modo a dialética e o dinamismo da aliança e sua concreta encarnação na história. Positivamente, o amor conjugal plenamente realizado simboliza a aliança; negativamente, a traição, metaforizada pelo adultério (que pode se tornar prostituição, se a relação é venal, e os amantes, numerosos), simboliza a idolatria. A metáfora pode ser decodificada assim: o contrato (aliança) de matrimônio entre marido (Javé) e mulher (o povo) é rompido quando ela escolhe amantes (ídolos), em vez de ser fiel a seu marido que a ama. Seja dito de passagem, apesar de o livro de Ezequiel privilegiar a metáfora nupcial para descrever a idolatria, esta pode também estar representada na metáfora filial: o filho pode abandonar e desprezar seu pai (cf., por exemplo, Is 1,4 ou Jr 2,13), privando-se voluntariamente dessa relação originária (cf. Dt 32,18).

Costuradas entre elas, essas metáforas contam a história de maneira ao mesmo tempo imaginada e concreta. Fundada pela adoção da filha-cidade-povo (Ez 16,3-7), quer dizer, pela eleição (cf. Ex 4,22-23, onde Israel é filho), a aliança é estabelecida por consentimento mútuo (matrimônio) com a mulher, agora adulta (cf. Ex 24,3-8; Dt 5,2-5; Dt 26,16-19). Essa união possibilita um viver juntos, a ser construído em conjunto, dia após dia.

No livro de Ezequiel, essa história é contada em dois textos emblemáticos, nos quais as duas imagens estão imbricadas (Ez 16 e 23). Sua leitura, entretanto, é difícil, e poderá chocar um leitor contemporâneo, sobretudo se cristão. De maneira muito complexa, mas muito perfeita, esses textos dramatizam a traição e o adultério de Israel, que o afresco literário do capítulo 20, denunciando a responsabilidade de Israel nos males que lhe advêm, narra de maneira mais realista. Em Ezequiel 16 e 23 essa história é retomada, mas a passagem à metáfora autoriza um relato mais cru e mais percuciente das traições religiosas e políticas de Israel. A violência que aí se exprime está à altura da decepção de Javé perante a traição que lhe inflige esse povo que ele tinha escolhido, criado e instruído, antes de fazer aliança com ele. Essa violência, que assume além disso uma dimensão sexual, chocará de fato um leitor contemporâneo. Por outro lado, se ele quer compreender bem, deverá ultrapassar o sentido literal do texto, para perceber a significação mais profunda que aí se esconde. Com efeito, essas imagens não se referem absolutamente ao comportamento concreto – passado, presente ou futuro – de alguma mulher concreta. Seja o que for que elas contam, não se pode ler nessas imagens um apelo a fazer violência às mulheres. Jamais. Ultrapassemos, portanto, o choque de uma leitura superficial, para medir o drama profundo dessa história que denuncia a idolatria de todo um povo. E isso, porque se visa antes de tudo denunciar que ela acontece como um rîb, um procedimento de reconciliação, que quer restabelecer uma relação pacífica entre duas partes em litígio: Javé e seu povo.

## Era uma vez...

O profeta, portanto, é convidado a contar uma história aos habitantes de Jerusalém. Ela vai pô-los em plena cena, mas indiretamente, para os confrontar aos horrores que cometeram (Ez 16,1; cf. 20,4 e 23,36), e pelos quais serão julgados. O procedimento não é novo, e já deu provas de si: também Natã conta a Davi uma parábola, a da ovelhinha do pobre, para o levar a julgar por si mesmo seu comportamento na história com Betsabeia (2Sm 12,1-7a).

## ...a eleição...

Era, portanto, uma vez uma pequena filha estrangeira, Jerusalém, nascida da união entre um amorreu e uma heteia. Abandonada em seu nascimento por seus pais cananeus (idólatras, Ez 16,3), que nem sequer a lavaram (Ez 16,4-5), a criança é repugnante. É nesse estado que Javé a encontra. Inclinando-se sobre ela, quer que a pequena viva (Ez 16,6). Ele toma cuidado dela, como se fosse sua própria filha. Ele a adota (Ez 16,8-14).

Pai amoroso e cheio de solicitude, Javé a cria, e faz sua filha crescer, permitindo-lhe tornar-se uma jovem mulher, resplandecente e desenvolvida, uma rainha, aos olhos de seu pai, que a cobre de enfeites (Ez 16,13b). Assim preparada, a jovem filha está pronta para encontrar seu noivo.

### ...a aliança...

Quando crescida, bela e florescente (Ez 16,7), Javé passa de novo perto dela. Ao vê-la, como não se encantar por sua beleza? E aqui sutilmente se desliza para a metáfora nupcial: não é mais o pai, mas o futuro marido que cumula a mulher de presentes, depois, cobrindo-a com seu manto, a recebe por sua esposa. Essa mudança causará estranheza ao leitor contemporâneo, mas não deve chocá-lo: no hebraico, a distinção entre filha e esposa é menos estrita que no português, por exemplo, e acontece muitas vezes que a noiva, ou a esposa, sejam chamadas de "minha filha" pelo (futuro) marido (cf., por exemplo, Rt 2,8; 3,10.11 ou Sl 45,10). Mas a união das duas metáforas é ordenada por uma lógica teológica profunda, e sugere ao ouvinte do profeta e ao leitor do livro que é esse nível de sentido que importa. Segundo essa lógica teológica, é Jerusalém – seus habitantes e, portanto, o povo – a filha escolhida, depois aliada, esposa de Javé.

Explicado isso, tudo iria bem, no melhor dos mundos, se a história terminasse aí. Mas, como sabemos, nunca as coisas são tão simples. Por isso, espera-se agora uma complicação. De fato, o relato vai se transformar num libelo feroz contra essa mulher.

### ...a idolatria religiosa...

Consciente de sua beleza, e empurrada pela perversidade – ou por seu orgulho –, a mulher-povo abandona bem depressa o marido, para se prostituir com tudo que passa pelas alturas – dos santuários cananeus – onde são venerados os ídolos

(Ez 16,15). Ela se serve de seus vestidos para deitar com seus amantes (Ez 16,16; cf. 23 *passim*) e desvia os dons de seu marido para os fazer viver – forjando ídolos ou oferecendo-lhes sacrifícios (Ez 16,17.18-19). Numa palavra, ela se prostitui, infiel ao contrato inicial. Pior ainda, sacrifica a seus amantes os filhos e as filhas que teve com seu marido (Javé), e que gerou para ele (Ez 16,20-21; cf. 23,37). Com isso, ela se arroga um direito de vida e de morte, que na realidade só pertence a Javé (cf. 1Sm 2,6).

Evidentemente, o ponto de vista assumido na narração é o do marido amante, abandonado sem razão aparente, que sofre essa mudança tanto inesperada quanto violenta de sua esposa. Mas esse relato metafórico precisa ser decodificado. O segundo lance põe às claras a infidelidade da mulher-povo de duas maneiras que se completam: Israel substitui o Deus da vida por outras divindades às quais está pronto a sacrificar seu futuro, e não cria seus filhos e suas filhas como Javé o tinha feito com ele outrora, mas se serve deles como moeda de troca em seu comércio com os ídolos.

O profeta leva a metáfora ao paroxismo, explorando a evolução, infelizmente possível, de uma relação conjugal. Isso lhe permite denunciar a Jerusalém e a seus habitantes duplo crime contra o coração da Lei da aliança no Decálogo: a rejeição radical de toda idolatria (Ex 20,3-7//Dt 5,7-11) e a proibição de matar (Ex 20,13//Dt 5,17). Inventando seus próprios deuses e seguindo-os (cf. Ex 32), a mulher-povo rejeita num mesmo movimento a Lei que lhe deu vida e aquele que a deu a ela.

## ...e a idolatria política

A idolatria mostrada até aqui é de natureza religiosa. Mas também pode tomar outra forma, no plano político. Aqui, os "amantes" não são estátuas feitas por mãos humanas, e sim outras nações com as quais Israel mantém laços ambíguos, em particular o Egito (Ez 16,26; 23,3), a Assíria (Ez 16,28; 23,5-7) e Babel (Ez 16,29; 23,14-18). Eis o que permite dar uma imagem da acumulação de traições odiosas assumidas pela mulher-povo, jamais satisfeita nem saciada. O retrato assim pintado insiste sobre sua perversão, tão forte que ela não se contenta em seduzir os amantes. Ela lhes propõe também os remunerar, se eles vierem a ela (Ez 16,33-34; cf. 23,16, em que é ela que os chama). Em outras palavras, ela inverte os códigos convencionais da prostituição, na qual é o cliente que paga os "serviços" da mulher, e isso ajunta um agravante a um quadro já tão obscuro: denuncia também essa forma particular de idolatria, que para Israel consiste em procurar a salvação não em Javé, mas em outras nações, às quais é preciso pagar, e por isso é necessário se sujeitar a elas para obter sua proteção.

## O castigo anunciado desvenda a verdadeira natureza dos amantes

Semelhante comportamento não pode deixar de provocar um oráculo de julgamento que ameaça com a punição, na esperança de que a mulher-povo se converta: de fato, ao chamado do marido os amantes se aproximam. Não para dar prazer à mulher, como ela o desejaria, mas para saquear e destruir (Ez 16,35-43). Como num espelho, a sanção que aconteceria se não houvesse a reconciliação reflete o crime cometido, e é o único meio de reparar a aliança rompida (Ez 16,59-60). É aqui que de maneira estranha (mas coerente com a dimensão política da metáfora, como veremos) a imagem da guerra se sobrepõe à da infidelidade. O leitor só pode ficar intrigado: pode-se porventura imaginar que um marido enganado anuncie que ele mesmo vai convocar os amantes de sua mulher (Ez 16,37; cf. 23,22-23) para a punir? Isto é inimaginável, e mesmo que fiquemos na metáfora, a coerência narrativa é necessária, inclusive no plano das imagens. Na verdade, estamos novamente diante de uma mudança sutil entre dois planos metafóricos, em que os amantes servem para passar da imagem de adultério para a da guerra. Aqueles que a mulher-povo tomava por seus amantes mostram enfim seu verdadeiro rosto: não passam de inimigos que vêm a ela com o único objetivo de despojá-la e se enriquecer às suas custas (Ez 16,39; 23,10). Isso é bem diferente do projeto de vida que o marido (Javé) tem para ela (Israel), pois ela se volta para os ídolos que a prendem e a levam à morte.

## Dois fios condutores: a nudez e o sangue

O conjunto das imagens evocadas em Ezequiel 16 nos apresenta todas essas imagens interligadas por dois elementos recorrentes que favorecem a transição entre os planos e a coerência narrativa: a nudez e o sangue.

A nudez. Quando entra no texto, a criança está nua (Ez 16,4b), privada de sinais suscetíveis de ostentar sua dignidade e seu estatuto social. É Javé que os confere a ela quando, uma vez adulta, a cobre com seu manto (Ez 16,8.10). Esse gesto é também o sinal do contrato de aliança entre eles. Ora, é justamente disso que ela se serve para se deitar nua diante de seus amantes (Ez 16,16). O manto se torna assim a marca de sua infidelidade, que provocou a reação ameaçadora do marido, na esperança de que ela volta para ele: Javé anuncia que ele mesmo vai chamar os amantes de sua esposa para que venham ver sua nudez, isto é, seus pontos fracos (Ez 16,37: cf. Gn 42,9-12). Essa declaração confirma o que precede: a mulher-povo se despiu, e Javé acentua esse gesto para que aqueles que ela chama constatem por si mesmos o que ela realmente é. Como foi dito, esse estranho castigo é inverossímil. Nenhum marido, nem no antigo Israel, chamaria os amantes de sua esposa para a punir. Certamente, Ezequiel 16,38 diz claramente que o castigo será o da mulher adúltera. Mas em seguida, quando volta a falar dos amantes, o texto dirige a atenção para um outro nível: se eles vêm é para a saquear e despojar (Ez 16,39;23,10), privando-a assim dos bens de que ela se serve para os pagar (Ez 16,40-41), antes de a apedrejarem e queimarem. A ironia é evidente.

Para compreender de que se trata, é preciso dizer uma palavra sobre a pena que é prevista em caso de adultério, de que a nudez da mulher apenas faz parte. A lei prevê uma sorte idêntica – a morte, e não a vergonha de serem despidos – tanto para o homem como para a mulher, quando cometem esse ato (Lv 20,10 e Dt 22,22; cf. também Jr 3,8, em que o repúdio da mulher pode ser entendido como morte social). Isso sugere, sem ambiguidade, que os dois são cúmplices na infidelidade. O que quer dizer, então, aqui a mulher ser despida diante dos amantes? A nudez evoca o nascimento (cf. Ez 16,8; Os 2,5), mas também a relação sexual adulta em que uma mulher se despe para seu marido na confiança e no respeito mútuo. Em um e outro caso, nudez significa fraqueza. Frágil, um recém-nascido não pode sobreviver nu e sem cuidados (cf. Ez 16,4-7). Uma relação íntima pode se tornar um lugar em que um tira proveito da fraqueza e da vulnerabilidade do outro. Num contexto violento, por exemplo de guerra, pode significar a humilhação, a desonra e a submissão dos vencidos. Agora o sentido da metáfora se torna claro: para atrair a si os estrangeiros, Jerusalém se apresenta nua, revela-lhes sua intimidade e se vende a eles (Ez 16,36). Eles só esperavam isso, e mostram seu verdadeiro rosto: aproveitam-se dela, assediam-na, submetem-na e a despojam (cf. Lm 1,8-9), o que só é possível porque ela mesma lhes desvendou seus pontos fracos. A imagem é violenta, certamente. De resto, alguns se insurgirão lendo aqui o prelúdio de um estupro – um ato de violência sempre injustificável. Mas no quadro de uma guerra – aqui usado no plano da metáfora –, além das atrocidades infligidas aos vencidos, e em particular às mulheres, a imagem crua e brutal representa a pilhagem do país e das cidades conquistadas. Assim, a imagem, em seu conjunto apresenta uma ironia mordaz em desfavor da mulher-povo, que se engana radicalmente quanto à verdadeira natureza daqueles que ela chama para junto de si: eles não são amigos que lhe querem o bem, mas inimigos sem compaixão. Numa palavra, ela é vítima de suas próprias opções.

Outro elemento que entrelaça como fio condutor os diversos planos metafóricos – o sangue – está estreitamente ligado à nudez. Evoca a vida e a morte ainda muito mais radicalmente. O sangue lembra o nascimento (Ez 16,6.9.22), os sacrifícios ou os crimes – entre eles o dos filhos e filhas (Ez 16,36; 23,27.37) – durante os quais ele é voluntariamente derramado. E evidentemente lembra também a guerra (Ez 16,38). Enfim, o sangue lembra que vida e morte estão intimamente ligadas e chama a atenção sobre a perversão representada pelo mais grave dos crimes: sacrificar filhos e filhas no altar da idolatria. Por isso, torna-se evidente que aquilo que é denunciado não é só a infidelidade conjugal, mas o que ela lembra metaforicamente: a idolatria e os crimes cometidos em seu nome. É por essa razão que a ameaça é tão severa: refletindo o crime como num espelho, ela é uma ilustração da lei do talião.

## Ao lado da mulher, as irmãs

Resta um último elemento a ser lembrado, e ele fornece um ponto de contraste suplementar. Jerusalém tem duas irmãs, das quais imita o comportamento deletério: Samaria e Sodoma. Repetindo as ações de sua mãe, as irmãs odeiam marido e filhos (Ez 16,45). Mas dessas quatro mulheres, Jerusalém é a pior (Ez 16,47-58). Retomando essa ideia alegoricamente, Ezequiel 23 conta a história de duas mulheres adultas, as irmãs Oholá (Samaria) e Oholibá (Jerusalém), que se prostituem aos ídolos e aos povos vizinhos, desde sua juventude no Egito (Ez 23,3). Essa história permite projetar a divisão de Israel para antes de sua formação como povo no Egito, diferentemente do que se conta em 1 Reis 12, em que se diz que a divisão se produziu depois da morte de Salomão. Para o livro de Ezequiel, o povo escolheu a idolatria antes mesmo que a aliança tivesse sido concluída. Ele põe assim em evidência a "mancha original" do Israel bíblico (cf. Ez 23,3.8.19.21.27), seu fascínio primordial – político e religioso – pelo Egito. Para o profeta, isso explica talvez por que Israel não para de preferir a escravidão à liberdade, uma escolha pela qual cada membro do povo é responsável, individual e coletivamente.

A comparação entre as duas irmãs acentua a gravidade do crime cometido por Jerusalém: elas disputaram entre si a primazia do desrespeito por seu marido, Javé, e Jerusalém ganhou essa triste competição. Jerusalém tinha constatado que os comportamentos nefastos de sua irmã a tinham levado à perdição (Ez 23,9-10). Mas isso não bastou para a afastar dos mesmos erros. Ao contrário, conscientemente, e sempre mais, ela se afunda nessa forma de desumanização que é a idolatria.

A força da evocação das imagens empregadas nos dois capítulos é poderosa. Ela tem por finalidade alertar o leitor e levá-lo a rejeitar o comportamento nefasto da mulher-povo. Mas, apesar de tudo, fica uma esperança de salvação, como é narrado no fim do capítulo 16. Deixando a metáfora, o profeta mostra como essa esperança poderá se concretizar, com a condição de que Israel adote uma atitude de recusa consciente e deliberada da idolatria e de suas consequências (Ez 16,60-63). Então, poderá contribuir para construir um lugar em que a vida na aliança será de novo possível, um lugar cujo nome é *Javé Shamah*: "Javé está ali" (Ez 48,35).

# 8
# Gog, Magog e os oráculos contra as nações
*Tema 5*

Nos livros proféticos, portanto também no livro de Ezequiel, a questão das nações é inseparável da questão da salvação do Israel bíblico, salvação da qual as nações podem participar. O povo de Javé não vive numa redoma fechada. Com efeito, para se dar a conhecer é indispensável que também se tome conhecimento dos outros, particularmente dos vizinhos. É verdade que, sendo as nações em grande parte idólatras, era necessário conservar-se separado delas, mas por serem ao mesmo tempo "próximas" (as genealogias do Gênesis estabelecem laços de parentesco entre Israel e as nações), é preciso aprender a estabelecer laços de fraternidade com elas.

## O que significam os oráculos contra as nações?

Parece evidente que o interesse que os profetas reservam para com as nações reflete a atenção que também reservam ao cenário político internacional de seu tempo. Esse cenário pode ter de fato implicações muito concretas sobre a vida de Israel ou de Judá, particularmente quando se trata de alianças firmadas com certo povo, mas não com outro. Esse aspecto, bem presente nos profetas, é importante. Mas ele não pode fazer com que se perca de vista um elemento essencial: tudo que é dito sobre as relações com as nações ou sobre as opções políticas dos reis do povo é fruto de uma elaboração feita *a posteriori*. E ela é orientada por uma teologia particular e pela ideia de que uma opção política sempre tem implicações no plano religioso, e especificamente sobre a maneira de viver (ou de recusar) a Aliança com Javé. Por isso, o mais das vezes os escritos proféticos refletem uma tensão no modo de perceber certas nações: elas podem tomar parte na salvação do povo, por exemplo quando entendidas como o instrumento de que Javé se serve para julgar seu povo ou para o restaurar (como Nabucodonosor e os caldeus; cf., por exemplo, Jr 25,9; 27,6; 43,10; também Ciro e os persas, Is 44,28; 45,1.13 – mas aqui Ciro é uma exceção, pois ele é sempre visto de maneira positiva). Conclui-se, então, que, por serem vistas como um instrumento do julgamento, elas trazem a guerra para Israel. Contudo, muitas vezes foram além do papel que lhes era atribuído por Javé, semeando uma violência injustificável. A tensão nasce da vontade de conciliar as duas faces da moeda, quando se trata dessas nações que, na releitura teológica dos acontecimentos históricos, são entendidas como instrumentos do julgamento divino, mas que ao mesmo tempo, ultrapassando os limites de sua "missão", se tornam inimigas juradas de Israel. Elas aparecem então como nações que agridem o povo de Javé, sem terem essa "missão" particular no plano divino. Por isso, certos oráculos visam particularmente os inimigos de Israel, os que semeiam cegamente a violência, causando-lhe um destino muito sombrio. Contudo, não nos enganemos: na realidade, esses oráculos contra as nações se dirigem de fato a Israel. Como expressões por excelência de uma linguagem oblíqua, apresentam pelo menos dois níveis de significado.

Primeiramente, convidam os destinatários reais dos oráculos a compreender que rebelar-se contra Javé não tem futuro. Pelo contrário, isso os reduz a serem como as nações inimigas que querem existir por si mesmas de maneira orgulhosa (por exemplo, Ez 24,21; cf. 27,3; 29,3…). Esses oráculos contêm, portanto, uma grave advertência que Israel é chamado a tomar a sério, na medida em que mostram como Javé pode punir os inimigos de Israel, que por esse mesmo fato são seus próprios adversários. O livro de Ezequiel o mostra: o primeiro inimigo do povo e de Javé é o próprio Israel (Ez 8–11)! A queda de Jerusalém é claramente uma prova de que, se não houver conversão, Javé trata Israel como inimigo. Esse primeiro nível de compreensão apresenta o personagem divino como um guerreiro, mas também como um juiz que não pode deixar impunes os crimes.

Em segundo lugar, o objetivo dos oráculos contra as nações é afirmar a santidade de Javé e sua soberania sobre a história, enquanto trata ao mesmo tempo de dizer também que ele usa essas nações como instrumento para julgar as ações de Israel, e anunciar que, se essas nações ultrapassarem os limites de sua "missão", deixando que se entreguem a uma violência cega, elas mesmas serão julgadas e receberão uma punição proporcional correspondente à falta cometida, sendo isso uma espécie de ilustração da lei do talião. Por paradoxal que possa parecer a ouvidos contemporâneos – em particular ouvidos cristãos – os oráculos que acusam as nações de malfeitos e anunciam seu fim são oráculos de salvação para o Israel bíblico, ao qual são com isso anunciadas a punição e a queda de seus inimigos.

No livro de Ezequiel, os oráculos contra as nações se encontram essencialmente nos capítulos 25–32, aos quais é necessário ajuntar Ezequiel 21,33-37; 35,1-15 e os capítulos 38–39. Os inimigos visados podem ser bem concretos: Amon (Ez 25,1-7, cf. 21,33-37), Moab (Ez 25,8-14), os filisteus (Ez 25,15-17), Tiro (Ez 26,1–28,19), Sidon (Ez 28,20-26), o Egito (Ez 29–32), Seir (= Edom, Ez 35 e 36,1-15). Os inimigos podem também ser fictícios, como é o caso do príncipe Gog na terra de Magog (Ez 38–39). A lista dos inimigos concretos, sete ao todo (número que lembra a totalidade), inclui ao mesmo tempo vizinhos diretos de Israel e uma grande potência: o Egito. Globalmente, esses oráculos visam nações orgulhosas ou violentas – ou as duas coisas – bem como povos que se regozijaram por ocasião da derrota de Jerusalém ou a desprezaram (Ez 25,3.6.8; 26,2; 35,15; cf. 36,6 e Ab 1,12). Eles se referem, portanto, a esse acontecimento e às campanhas ocidentais do babilônio Nabucodonosor, tais como um historiador as pode reconstituir. Curiosamente, porém, a Babilônia não é lembrada nesse concerto das nações condenadas – ela que foi, no entanto, a causadora da derrota de Israel. Tal silêncio, sobre o qual devemos voltar a falar, é tanto mais interpelante, quando lembramos que no livro de Jeremias, por exemplo, a Babilônia recebe o mais extenso dos oráculos contra as nações (Jr 50–51); mas aqui no livro de Ezequiel, os caldeus são considerados o instrumento de que Javé se serve para julgar e punir seu povo.

## O derradeiro combate pela salvação: Gog

Para entender no livro de Ezequiel a questão dos oráculos contra as nações, é provavelmente necessário começar pelo último, o endereçado a Gog, o príncipe imaginário que se encontra no também imaginário país de Magog. Segundo toda a probabilidade, não é necessário procurar identificar um lugar ou um personagem histórico atrás desses dois nomes. Toda tentativa nesse sentido seria vã e provavelmente inútil. Os únicos elementos que podem ajudar a compreender essa questão devem ser procurados no imaginário bíblico. No Antigo Testamento, Magog é citada somente três vezes, duas das quais no livro de Ezequiel (38,2 e 39,6). A terceira ocorrência se encontra em Gênesis 10,2: Magog é um neto de Noé, um dos sete filhos de Iéfet. Ainda que longínqua, essa filiação que o situa na parentagem de Israel cria um laço ao mesmo tempo próximo e distante entre o próprio Israel e o território mítico e seu temível príncipe. A essas três ocorrências, é necessário ajuntar a do Novo Testamento em Apocalipse 20,8, em que Magog é citado, de novo com Gog, num contexto de julgamento divino e de vitória sobre os inimigos. Por sua vez, Gog aparece onze vezes em Ezequiel 38–39 (a que se deve ajuntar 1Cr 5,4 e Ap 20,8). Sua presença massiva nesses dois capítulos do livro de Ezequiel, e a sonoridade muito próxima de seu nome com o de Agag, rei do clã de Amalec, devem nos fazer refletir – com efeito, a sonoridade é tão próxima, que em Números 24,7, em que Agag exerce um papel emblemático, a tradução grega verte seu nome por Gog. Esse rei, cujo nome evoca uma palavra acádica que significa "cólera, violência", é símbolo de poder (cf. Nm 24,7). Ele está à frente de um povo que aparece como um inimigo hereditário de Israel (Ex 17,16; Dt 25,17-19; Sl 83,8). Por isso, pode-se perguntar se o nome de Gog não foi escolhido de propósito, para criar um jogo de sonoridade com Magog, pela repetição das consoantes (aliteração) e dos sons (dissonância). Deve-se ter em conta esse elemento, e ao mesmo tempo também o teor escatológico evidente desses dois oráculos – caso único no livro de Ezequiel, mas frequente em outros livros proféticos, como em Isaías 24–27; 34–35; 65–66; Joel 3–4; Miqueias 4–5 ou Zacarias 14. Isso convida o leitor a considerar Gog como a personificação das potências hostis ao povo de Javé, um arquétipo do inimigo, o adversário por antonomásia.

A partir daí, os dois oráculos contra Gog podem ser interpretados como um paradigma que permite compreender a ação de Javé. O fim último da intervenção divina na história – na de seu povo e na das nações – é de revelar as causas do exílio, mas sobretudo a santidade divina que fará Javé ser reconhecido por todos: eles (as nações, seus habitantes ou Israel) saberão que "eu sou Javé, o Santo em Israel" (Ez 38,16.23; 39,6.7.22.28). Resumamos tudo isso, lembrando o final do oráculo (Ez 39,23-29): por causa de seus atos e de sua infidelidade, Israel provocou seu próprio exílio. Israel obrigou Javé a lhe esconder seu rosto e a entregá-lo a seus inimigos. A punição espelha o crime cometido, numa tentativa de fazer compreender ao povo o que o próprio Javé sente por causa da traição. Mas depois disso, isto é, "agora" (*attah*), Javé vai mudar o destino do povo e usar de misericórdia para com ele. Assim, desonra e infidelidade serão esquecidas, o povo será reunido e restabelecido em sua terra. Javé não esconderá mais dele o seu rosto, pois Javé terá derramado sobre ele seu espírito (literalmente "vento", cf. Ez 37,1-14), seu espírito de vida.

Veja-se: o que é contado por meio do oráculo é a aurora de um novo começo, sem erro nem falta. O julgamento pelo qual Javé venceu a Gog permite a todos – a Israel e às nações – reconhecer a soberania de Javé, e abre o caminho a um relacionamento pacífico entre todos. Com efeito, a vitória definitiva de Javé traz de volta, para sempre, a paz: depois de um castigo, necessário mas temporário, a restauração estabelece definitivamente a santidade de Javé. Também as armas de guerra serão destruídas e fornecerão a madeira a ser queimada por sete anos, número simbólico de totalidade (Ez 39,9-10), enquanto o território será descontaminado, a fim de que nele reine de novo a pureza ritual (Lv 21,1-11; Nm 19). Numa palavra, no fim do oráculo, o leitor é confrontado com a descrição de um mundo ideal que recapitula e reafirma a vontade salvífica de Javé para os seus: estabelecidos em segurança na terra que novamente dá fruto em abundância (cf. Ez 34,27-28), poderão outra vez morar nessa terra da promessa sob o cajado de Davi (Ez 34,23). Javé concluirá com eles uma aliança perpétua que instalará o povo na paz. Depois, construirá seu templo no meio de um Israel recriado (Ez 37,1-14), para habitar aí com ele (Ez 37,25-28). Todas essas ações positivas são outros tantos sinais que revelam definitivamente a santidade de Javé aos olhos das nações, assim como sua fidelidade para com Israel. Compreender-se-á por isso também por que o oráculo contra Gog, que culmina neste anúncio da reconciliação entre Javé seu povo, se encontra justamente aqui, em vez de estar no bloco dos outros oráculos contra as nações: a vitória definitiva de Javé sobre o inimigo, e a restauração de Israel que segue, se tornam um "prelúdio" para a grandiosa visão do mundo ideal, ao mesmo tempo jardim, cidade, país e templo, no qual a vida é de novo possível e onde é bom viver (Ez 40–48).

Veja-se: exatamente antes da grande visão do templo restaurado (Ez 40–48), o "julgamento universal" contado em Ezequiel 38–39 tem por finalidade, como os outros textos desse tipo, descrever a nova ordem cósmica que virá graças à intervenção divina na história. É isso que vai permitir com que aconteça definitivamente a coabitação pacífica e fraterna, imaginada por Javé, entre seu povo e as nações. É um ideal, evidentemente. Mas não deixa de expressar a fé num Deus justo, que quer a vida para todos.

Chegados a essa altura, e voltando ao estranho silêncio a propósito da Babilônia nos oráculos contra as nações, o leitor pode perguntar se na realidade não é essa capital dos caldeus que está escondida atrás de Gog e Magog. Vários elementos o sugerem, de fato. Gog vem do Norte (Ez 38,6.15), e é o instrumento de Javé para reconduzir Israel ao caminho da aliança (Ez 38,7.8.14), antes de ser por sua vez esmagado e enterrado, como todo poder humano (Ez 39,11-16). A razão de tal desaparecimento do nome Babilônia pode ser a resposta a uma preocupação pragmática: visar diretamente o inimigo poderoso poderia ter consequências negativas no imediato. Ao mesmo tempo, camuflar o inimigo tangível num inimigo "mítico", mas cuja origem é identificável (Gn 10,2), é um modo de o subtrair à história concreta e o transformar em tipo. O inimigo não é vencido por Javé somente para a época do profeta, mas é vencido "agora" e para cada geração de crentes. Assim, por exemplo, foi possível que Gog fosse identificado depois com figuras históricas totalitárias: desde Antíoco Epífanes, em Daniel 11,36-45, até Hitler, passando pela Rússia e todas as outras figuras de tiranos. Mas, além dessas projeções concretas, e seja qual for o inimigo, o crente é convidado a não esquecer que a salvação se encontra, em primeiro lugar e antes de tudo, na fidelidade a Javé, cujo primeiro adversário é o próprio Israel, toda vez que ele se volta aos ídolos (Ez 8–11).

## Tiro e o Egito: inimigos sobretudo simbólicos

Dentre as sete nações concretas identificáveis mencionadas no livro de Ezequiel, demoremo-nos particularmente em duas, cujos oráculos têm igualmente forte viés simbólico: Tiro e Egito. São os oráculos mais compridos de todo o conjunto, o que sublinha sua importância. Mas antes de qualquer outra coisa, repitamo-lo, esses oráculos se dirigem aos judeus exilados, e é sobre eles que querem influir.

Por seu orgulho e autoconfiança, Tiro – o "Rochedo", cidade costeira do atual Líbano, na época uma ilha próxima à costa – é o emblema de quem não se fia em ninguém a não ser de si mesma, segura de poder contar unicamente com sua própria força para se impor. O oráculo fustiga Tiro, em primeiro lugar por sua violência, essencialmente de natureza econômica (Ez 28,16-18), e a adverte contra a falsa segurança que a riqueza dá: por exemplo, todos os navios comerciantes de que ela se orgulha serão engolidos pelo mar, com suas cargas de mercadorias (Ez 27,34). Entre os oráculos endereçados a essa cidade insolente, provavelmente o que visa especificamente seu príncipe (Ez 28,1-19) é o mais interpelante. Mas ele é enigmático, porque ao mesmo tempo identifica Tiro com Adão e com o querubim do Gênesis (cf. Gn 2 e 3,24). Como Adão, ele é posto no Éden, aqui chamado de "santo monte de Deus" (Ez 28,14), mas é expulso de lá. Note-se que a sobreposição do Éden e do monte é uma discreta antecipação do Éden-Templo do fim do livro (Ez 40–48). Num primeiro momento, o príncipe de Tiro aparece como o próprio tipo do ser humano: sábio, belo, rico e perfeito, ele pode superar todos os perigos (Ez 28,14). Figura real e adâmica, ele também é uma figura sacerdotal, pois está revestido de pedras preciosas, algumas das quais ornam o plastrão do Sumo

Sacerdote (Ex 28,13.17-20; 39,6.10-13), e de outras preciosidades citadas em Gênesis 2,12, numa descrição dos quatro rios que correm no Éden. Mas essa posição de honra a levou ao orgulho, a ponto de se considerar a si mesma uma deusa. Por isso, em vez de pôr sua sabedoria e inteligência a serviço do bem comum, usou seus privilégios para se enriquecer e se tornar ainda mais poderosa, semeando a violência em torno de si. Já não havia mais nenhum limite para esse ser, cujo grande número de faltas o levará à derrota mortal. O limite radical que é a morte o forçará a constatar que ele não é mais que um homem. A alusão a Gênesis 2–3 nesse oráculo é evidente, especialmente na evocação dos malefícios da ambição para aquele que recusa se abrir a uma verdadeira relação de parceria e não vê no outro senão um adversário ou um meio de realizar seus próprios objetivos. Assim, o guarda do jardim (Gn 2,15) e da vida (Gn 3,24), que se tomou por Deus, é abatido, e sua derrota é fatal. Ele sofre assim as consequências de suas escolhas: expulso do Éden, morrerá. O leitor estará certamente estranhando a ideia de que um príncipe estrangeiro seja chamado ao mesmo tempo de Adão e de querubim, e que o Éden seja representado por Tiro, mais que por Jerusalém. Por que esse jogo de esconde-esconde? Na realidade, é muito provável que na origem esse oráculo tenha sido dirigido contra o próprio Sumo Sacerdote: certos pormenores, como as pedras do peitoral ou a morte infamante dos incircuncisos que ele precisa suportar (Ez 28,10), apontam nesse sentido. A história do sacerdote caçado do templo e exilado por causa de suas ações é narrada de maneira a lembrar a trama de Gênesis 2–3, e se torna um paradigma do exílio. Mas o oráculo era tão violento que não podia ser recordado tal qual, vista a importância que no livro de Ezequiel revestem o sacerdócio e o templo, profundamente renovados por Javé. Assim, reorientado para o príncipe de Tiro, cujas ações descritas são plausíveis para o destinatário do livro de Ezequiel, o oráculo guarda seu valor paradigmático: todo ser humano que se deixa levar pela ambição cai na violência, passando dos limites, e usando seus privilégios em detrimento dos outros encontrará a mesma sorte, pois Javé não pode aceitar violência e injustiça.

Quanto ao Egito, também é fustigado por seu orgulho (Ez 29,3; 31,10; 32,2), que o leva a se crer uma grande nação, quando na realidade é fraco ("um apoio de cana", Ez 29,6), incapaz de ajudar Judá quando este tivesse necessidade. Essa menção talvez indique um duplo nível de significação no conjunto desse oráculo, que no livro de Ezequiel é, recordemo-lo, o mais longo de todos os que se referem às nações. Os contemporâneos de Ezequiel devem ter percebido o evidente: não é a aparência que faz uma nação ser poderosa. O Egito é frágil, e é inútil procurar salvação nele. Ao mesmo tempo, como já o temos lembrado, no imaginário bíblico o Egito não é aquela identidade geopolítica do passado que os historiadores estudam. A releitura teológica fez dele a figura simbólica da escravidão imposta ao povo de Deus. Por isso, para o livro de Ezequiel o fascínio que Israel sente em relação ao Egito tem um significado bem preciso: com efeito, foi no Egito que, já antes de ter surgido como povo e antes que a aliança tivesse sido concluída, Israel escolheu a idolatria (cf. Ez 20,7-8; 3,3). Presente desde antes de seu nascimento, essa propensão parece inata. Para o livro de Ezequiel, parece evidente: a atração que a escravidão exerce sobre Israel aparece como o inimigo contra o qual Javé se bate em nome da liberdade de seu povo. Eis provavelmente a razão por que esse oráculo é tão longo: ele exprime a luta que Javé trava contra os malefícios da servidão, sobretudo quando ela não é imposta do exterior – como a que faraó infligia aos hebreus – mas procurada pelos próprios escravos que a impõem a si mesmos, como no caso da idolatria. Esse oráculo se insurge também contra a atração pelas soluções fáceis, que bem rapidamente se revelam tanto precárias quanto ineficazes: como "um apoio de cana". Foi tudo isso que causou a perda de Jerusalém e o exílio. Javé e o profeta anunciam que tudo será vencido definitivamente. Contudo, essa derrota nada tem de mágico. Ela exige tempo – como o sugere o tamanho do oráculo –, pois nada é mais difícil do que arrancar a escravidão, sobretudo aquela que se impõe sobre si mesmo.

Nos profetas, os oráculos contra as nações dão uma esperança de salvação a Israel: ainda que Javé os use na ocasião para punir Israel, ele julga e castiga os inimigos por seus excessos de violência. Mas, sejam eles mitificados ou concretos, Israel não deve se esquecer de que ele mesmo será seu primeiro adversário quando, voltando-se para os ídolos, praticar a injustiça e escolher a morte.

# 9
# A justiça
*Tema 6*

Como já dissemos, o exílio é uma situação dramática, na qual todos os pontos de referência ruíram. Mas então a questão candente que se coloca a esse respeito é a seguinte: "por quê?", "de quem é a culpa?". O responsável será Javé, que permitiu que isso acontecesse, ou mesmo que o teria querido? Terão sido o imperialismo, a avidez ou a traição, os responsáveis por essa prostração? Foi talvez a corrupção dos governantes que provocou a crise? Ou a falta dos pais que, infiéis à aliança, causaram o exílio? Ou os próprios exilados terão sido os únicos responsáveis, com seus pecados? Se se pergunta pela culpa e pela responsabilidade, tais interrogações são as que toda pessoa faz quando é confrontada com uma injustiça, real ou aparente. De fato, colocando as interrogações nos termos acima, poderíamos achar que é possível dar-lhes uma resposta simples e imediata. Mas não é esse o caso, pois a questão da responsabilidade é mais complexa e exige um debate mais amplo. Ezequiel entra nesse debate de uma maneira ao mesmo tempo tradicional e original, como é do costume dele.

## Breve resumo: aliança e justiça no ideal bíblico

A aliança é um estatuto jurídico regido pela Lei. Seu objetivo é ao mesmo tempo concreto e ideal: instaurar e manter relações justas entre parceiros, em vista de uma vida pacífica e viçosa para todos. Assim, justiça torna-se uma palavra-mestra. Ela já era uma das qualidades fundamentais do Deus da Bíblia, a quem Israel é convidado a imitar em seu agir ao mesmo tempo criador (cf. Ex 20,8-11) e libertador (cf. Dt 5,12-15). Para chegar a isso, Israel tem pela frente um caminho concreto a seguir, como única resposta certa a Javé e a seu projeto: ser fiel à Lei, e em particular praticar a justiça, para viver em aliança (cf. Dt 4,37). Compreende-se desse modo por que a justiça é uma das exigências maiores para o Israel bíblico, tanto como ideal a ser atingido como fim a ser conseguido, cuja realização exige engajamento diário. Opondo-se com radicalidade ao caos que gera a anarquia, a justiça significa ordem, harmonia, equilíbrio, paz e segurança nas relações sociais, e é assim que ela torna a vida possível. Davi e seus descendentes são chamados a fazer reinar o direito e a justiça (cf., por exemplo, Is 9,6; Jr 23,5-6; Mq 5,1), pois a salvação de Israel depende disso. Infelizmente, porém, a história do povo está cheia de rupturas da aliança, muitas vezes causadas pelos governantes: incapazes de guiar o povo, arrastam-no para a injustiça, contra a qual Javé se bate (cf. a magnífica ilustração disso em Ez 34).

## As razões do julgamento

Os profetas manifestaram-se energicamente contra a injustiça que se tornara o sistema de funcionamento da sociedade e do culto (Ez 23,37; cf. também Is 1,15; 5,8-12; 10,1-4; 59,3.7;

Jr 19,4). Segundo eles, sua erradicação, tão indispensável quanto a erradicação da idolatria, é para Israel uma questão de vida e morte. Com efeito, injustiça e idolatria são os entraves maiores à vida em comum e têm repercussões graves no plano das relações, tanto com Javé como com os outros seres humanos. Em primeiro lugar, a idolatria diz respeito ao relacionamento com Javé, mas tem também implicações evidentes no nível social, das quais a mais grave é a do sacrifício dos filhos e filhas denunciado pelos profetas (Ez 16,20; cf. Jr 7,31; 32,35). Quanto à injustiça, ela atinge primeiramente os semelhantes, mas fere também profundamente a ligação com Javé, e isso muitas vezes no quadro do culto, o que a torna tanto mais odiosa. Numa palavra, idolatria e injustiça estão intimamente ligadas e ambas representam uma traição a Javé e a seu projeto de vida.

O livro de Ezequiel, o julgamento se tornou necessário pela conduta de Israel, cujas abominações são tão numerosas que Javé não as tolera mais, incapaz de as continuar suportando. Uma passagem emblemática nesse sentido é realmente muito dura mas traduz bem o ponto de vista divino sobre os numerosos desvios de seu povo:

> Assim fala o Senhor Javé à terra de Israel: "É o fim! O fim para os quatro cantos da terra. Agora chegou o teu fim: desencadearei a minha ira contra ti, eu te julgarei de acordo com o teu comportamento; farei pesar sobre ti todas as tuas abominações. Meu olho não terá compaixão para ti; não te pouparei, porque te acusarei com a tua conduta, e as tuas abominações ficarão expostas no meio de ti; então sabereis que eu sou Javé" (Ez 7,2-4; cf. 7,6-9).

Antes de prosseguirmos, é indispensável dizer uma palavra a respeito da cólera divina aqui evocada. Esse sentimento é diretamente atribuído a Javé pelos profetas (por exemplo, Is 5,25; Jr 12,13; Ez 4,11...). Se para os cristãos é difícil aceitar que Deus entre em cólera, podemos admitir que atribuir-lhe tal sentimento exprime no mínimo o fato de que ele não é um deus indiferente, distante e insensível perante o que se passa entre os seres humanos. Mas atenção! A cólera não é sinônimo de raiva cega, e o deus bíblico está longe de ser irascível, colérico. Atribuindo-lhe esse sentimento, os profetas insistem sobre o fato de que Javé se indigna diante daquilo que é imperdoável, e que isso o leva a agir contra aquilo que provoca o mal, a violência e a injustiça.

Voltemos ao texto citado acima. Ele é interessante, porque mostra bem a imbricação dos diversos planos, notadamente no que concerne ao lugar de cada um quando se trata de compreender as razões do julgamento e do castigo infligido ao povo. Parafraseando a questão, primeiro livremente, em termos que com certeza serão mais compreensíveis: se alguém está na prisão, é evidentemente porque um juiz lhe impôs essa pena; mas o juiz é apenas aparentemente responsável pela sanção, pois o que leva à prisão é o fato de se ter cometido algo contra a lei. Do mesmo modo, quando em Ezequiel 7,8-9 o profeta indica Javé como responsável pelo castigo representado pelo exílio, na realidade são as abominações e as injustiças do povo que levaram a isso (Ez 7,3-4), das quais Ezequiel 22 apresenta longa lista. Javé chama o profeta a se associar ao julgamento contra a cidade sanguinária (Ez 22,2), com relação à qual é legítimo se perguntar se certos gestos visíveis de conversão equivalem a uma metamorfose verdadeira e sincera (Ez 7,18.27a). Sabemos que os contemporâneos do profeta são uns "rebeldes" que se fecharam nesse modo de proceder (Ez 20), do qual não podem, segundo

Ezequiel, se afastar (Ez 3,17-21). Percebe-se bem o olhar profundamente pessimista que o profeta lança sobre seu tempo e seus contemporâneos. O livro que traz seu nome é um retrato bem concreto disso, enquanto expõe ao mesmo tempo a causa e os efeitos do julgamento. Já lembramos que ao longo de suas páginas vai se elaborando uma releitura teológica específica da história, que analisa a falta e examina como repará-la. Ao mesmo tempo, o livro é também a testemunha da misericórdia e da veracidade de Javé, que se recusa a aceitar o fracasso e se empenha em superá-lo.

## Dentre os procedimentos para fazer justiça, o *rîb*

A insistência para pôr em prática a Torá perpassa o conjunto da mensagem profética, seja para exortar Israel a fazê-lo, ou para denunciar sua recusa de o fazer. Nesse segundo caso, entre os procedimentos adotados pelos profetas para tentar reconduzir Israel ao caminho da aliança, o *rîb* é um procedimento judiciário importante que se situa do lado da palavra. Depois de algum episódio, fosse qual fosse, que tivesse perturbado o bom entendimento e a harmonia entre dois aliados e posto em perigo suas relações pacíficas, a parte que se sente ofendida contesta a outra, acusando-a de infidelidade e/ou de injustiça, com o fim de restabelecer uma relação respeitosa por parte de ambos. O recurso ao *rîb* é muito frequente entre os profetas, que transmitem assim a imagem de um Deus que não se deixa motivar nem pela revanche, nem pelo rancor – ambos contrários à sabedoria e à justiça –, mas pelo profundo desejo de acompanhar, educar e restaurar a possibilidade de continuar a viver com esse povo rebelde. Com tal procedimento, o que prevalece é a ameaça de um justo castigo. Seu objetivo é revelar a profundidade do mal cometido e provocar, se possível, a conversão e o restabelecimento da justiça. Nesse sentido, o rîb mostra, da maneira mais clara, o amor que Javé tem por seu parceiro.

Por outro lado, a questão da culpabilidade e da retribuição é delicada e não regulamentada diretamente pelo procedimento do rîb entre Javé e seu povo.

## "Os pais comeram uvas verdes e os dentes dos filhos ficaram doridos": Ezequiel contra Moisés?

Com toda certeza, uma das passagens emblemáticas a respeito do julgamento é Ezequiel 18. Num contexto de idolatria coletiva, esse capítulo desenvolve uma argumentação cerrada sobre dois temas intimamente ligados: a vida e a justiça (os campos semânticos dos dois temas são aí muito explorados). Javé e o profeta se apoiam sobre uma afirmação proverbial que os exilados repetem para desaprovar o ponto de vista deles sobre o que lhes acontece. A argumentação que daí segue traz elementos de reflexão para tentar responder às questões sutis referentes ao princípio da responsabilidade e da retribuição.

A passagem inicia por uma das raras palavras dos contemporâneos do profeta que foi colocada no livro. Ela tem o teor de um provérbio: "Os pais comeram uvas verdes e os dentes dos filhos ficaram doridos" (Ez 18,2; cf. Jr 31,29-30). Javé e o profeta se insurgem contra esse refrão dos exilados, que julgam serem vítimas das faltas dos pais, para afirmar o caráter pessoal da responsabilidade (Ez 18,3-4). Agindo assim, parecem criticar abertamente um dos Dez Mandamentos: "Eu sou Javé teu Deus, um Deus ciumento, que visita a iniquidade dos pais sobre os filhos, até a terceira e quarta geração daqueles que me odeiam" (Dt 5,9; cf. Ex 20,5). Perguntamos: o que o profeta diz torna verdadeiramente caduca a frase do Decálogo? Há de fato oposição e contradição entre essas duas maneiras de compreender a responsabilidade?

Na realidade, a afirmação divina do Decálogo já foi examinada na própria *Torá*, na qual é objeto de uma explicação que se tornou necessária (cf. Dt 7,9-10). De fato, era tão evidente que cada um deve assumir as consequências de seus atos, que os Dez Mandamentos tinham deixado isso no silêncio. Ora, o problema vem justamente desse silêncio, que se for mal-entendido pode levar a pensar que Javé pune não aquele que o merece, mas seus descendentes. O que oferece um recurso fácil aos culpados para se inocentarem mais facilmente e se considerarem vítimas. Assim, quando Ezequiel critica seus contemporâneos que repetem esse provérbio a todo tempo como uma espécie de refrão, o profeta lhes diz algo de fundamental sobre a concepção simplista que é a concepção deles: "Não vos serve de nada lamentar vossa sorte e assim querer desfazer de vossas responsabilidades pela catástrofe que atravessais". Depois, contrapõe-lhes o direito anunciado por Moisés, mas que os exilados parecem ter esquecido: "Os pais não serão condenados à morte em lugar dos filhos, nem os filhos em lugar dos pais; cada um será condenado à morte por seu próprio pecado" (Dt 24,16). Contestando abertamente o refrão deles pela voz de Ezequiel, Javé adverte os exilados, com toda clareza e sem rodeios, que eles são castigados por causa da iniquidade deles próprios, seja qual tiver sido a falta de seus pais. Certamente, os pais não são inocentes. Os profetas, entre eles também Ezequiel, o repetem à exaustão. Mas não foram os pecados deles que causaram o castigo dos filhos. O que o Decálogo sublinha é uma verdade experiencial que ninguém pode negar e que as histórias familiares do Gênesis ilustram fartamente: uma ação, sobretudo se negativa, tem consequências sobre os outros, inclusive sobre as gerações futuras, o que não significa que as faltas dos pais se voltam mecanicamente sobre os filhos (o que os contemporâneos de Ezequiel, e possivelmente o leitor com eles, parecem crer rápido demais). Nos relatos da *Torá* nunca se trata de punir os filhos em lugar de seus pais; são sempre os próprios pecadores que são punidos (cf., por exemplo, Ex 32; Lv 10; Nm 11,1-34; 14,1-45; 16,1-35; 20,1-13...). Quando, segundo o Decálogo, Javé "visita" – e não "pune", como infelizmente muitas vezes é traduzido – essas faltas nos filhos, é na realidade para constatar as consequências que elas têm sobre eles: muitas vezes traduzido por "falta", com efeito o termo ᶜ*awôn* comporta também o sentido mais amplo de "consequências de uma falta" ou de "culpabilidade" que daí decorre. Se, portanto, Javé vem examinar isso, não é para castigar a geração dos filhos – isso seria o gesto de um deus perverso – mas para a advertir: é indispensável que eles se distanciem da herança negativa de seus pais, que não se deixem envolver nisso como num grilhão. Se é assim, então, repetindo seu provérbio a todo momento, os contemporâneos do profeta se fecham no que não passa de uma ilusão, escondendo-se atrás de um pretexto fácil para se convencerem de que eles são vítimas inocentes e se conferirem uma boa consciência. É mais fácil acusar os outros do mal que nos atinge: seja Deus, sejam os pais, os vizinhos..., do que assumir nossa parte de responsabilidade, de maneira corajosa e lúcida.

## Responsabilidades individuais...

Cada indivíduo é um sujeito chamado a assumir suas próprias opções. Mas estas não são inexoravelmente determinantes:

o malfeitor pode "se converter", afastando-se de sua iniquidade, assim como o justo pode "se converter", afastando-se de sua justiça e cometendo um crime (Ez 18,21-22.24). Tanto num caso como no outro, a conclusão será a mesma: o passado não é nem grilhão que prende, nem aval que garante. Para cada um, a escolha do caminho a seguir se faz aqui e agora. É uma escolha ética, na qual se empenha a vida ou a morte (cf. Dt 30,15-20 e Jr 21,8). Cada um tem sempre a possibilidade de mudar de caminho, de "se converter" para o bem ou para o mal. Mas seja qual for a escolha, a justiça de Javé não se aplica friamente de maneira puramente retributiva, como por um cálculo mecânico. Pois se o culpado pode não ser inocente, pode ser perdoado por esse Deus lento para a cólera (cf. Ex 34,6; Jl 2,13; Jn 4,2), capaz de suportar a falta, mas não de fazer com que ela não tenha existido. Porque Javé não quer a morte do ser humano, mesmo do culpado, mas sua vida (Ez 18,32; cf. 33,10-20). Se Javé cria o ser humano livre, não é para o prender em alguma armadilha, e sim para que viva. O indivíduo é livre, como Adão. Pode optar por responder, ou não, à vocação a que é chamado, tornar-se homem ou mulher à imagem daquele que os criou. Mas faça o que fizer, a história bíblica o testemunha amplamente: Javé não o abandona, mesmo que ele escolha um caminho que leva à morte.

## ...*e* partilhadas...

É claro que o que Ezequiel diz vai na direção de uma espécie de individualismo, porém não no sentido em que o entendemos comumente nas sociedades ocidentais. De fato, no mundo bíblico um indivíduo está sempre inserido numa comunidade, o tecido orgânico do qual depende a saúde tanto do conjunto como de cada um de seus membros. Ezequiel está, portanto, longe de promover uma concepção individualista da salvação. Em Ezequiel 14,12-23 e 40–48, em que se trata de restauração da comunidade e não dos indivíduos, temos um bom exemplo disso. Cada membro do corpo social está em interação estreita com os outros, e os laços de solidariedade – portanto também de responsabilidade – se entretecem nas escolhas pessoais e coletivas de que depende a vida do povo. Cada membro é representativo do grupo todo, num conjunto solidário e coerente. Por isso, as opções – positivas ou negativas – assumidas conscientemente ou não por qualquer um, têm também efeitos sobre os outros. Se, como diz o Decálogo, isso se verifica no plano vertical segundo uma ligação transgeracional, também se verifica seguramente no plano horizontal de uma mesma geração.

Ezequiel o afirma: é tentador descarregar nos outros as próprias responsabilidades (cf. Ez 33,10), acusar até Javé de injustiça, como o fazem os contemporâneos (Ez 18,25.29; 33,17), ou considerar que as gerações precedentes são as únicas responsáveis da atual desgraça. O que o profeta sublinha é que a leitura dogmática do princípio da responsabilidade coletiva é também uma das causas do exílio: é ela que levou a atual geração a se desresponsabilizar. Fechada sobre si mesma, sobre seu horizonte estreito de vítima, fez simbolicamente uma escolha de morte. Se essa geração é punida, é porque não foi capaz de superar as escolhas de seus pais e os reforçou, escolhendo como eles a idolatria. Acusar a outros de ter cometido faltas (os pais), ou de ser injusto (Javé), significa fechar-se numa compaixão pela própria sorte. Mas os contemporâneos do profeta estão longe de ser inocentes ou obrigados a pagar por faltas que não cometeram (cf. Lm 5,7). Estão longe de seguirem o caminho de vida proposto pelo Decálogo, pois reproduzem as escolhas mortais de seus pais.

## Duas concepções, duas faces da mesma moeda

Sobre essas questões complexas, Ezequiel abre caminho a uma reflexão nuançada, longe da resignação fatalista dos que se consideram vítimas que expiam a falta de outros, sem assumir de maneira lúcida nem mais nem menos que sua própria parte de responsabilidade, ao mesmo tempo individual e coletiva. Protestando sua imaginária inocência, e atirando toda a culpa sobre os pais que os teriam levado para onde estão, os exilados atribuem até a Javé uma injustiça, e contestam a própria ideia de uma responsabilidade coletiva. Opõem as duas maneiras de conceber a retribuição, aparentemente contraditórias. Realmente, associar as duas é provavelmente paradoxal. Mas não antinômico. Porém, para o compreender é necessário sair da tentação de opor duas concepções que na realidade devem ser articuladas, pois se completam e se corrigem uma à outra. Faltando isso, a resposta à questão das responsabilidades corre o grande risco de ser simplista. Por essa razão, o leitor é convidado a fazer um esforço interpretativo, o que supõe que tenha grandemente em consideração os diversos dados do problema, malgrado sua aparente contradição, a fim de os articular entre si. As tensões entre as duas maneiras de compreender a retribuição na *Torá* e nos profetas – retribuição individual, ou coletiva transgeracional – testemunham a complexidade do que se refere ao mal e à justiça, à morte e à vida. O modo como serão interpretadas depende evidentemente também da cultura e da época em que se vive. Mas, longe de procurar simplificá-las, com o perigo de cair no simplismo, é indispensável continuar a aprofundar a questão. Não será talvez essa a razão por que Javé interroga Ezequiel sobre esses problemas cruciais (cf. Ez 18,2; 37,3)? Afinal, o questionamento talvez seja um antídoto à tentação de ceder ao simplismo. Quem diz questão, diz de fato movimento, dinâmica, o que é uma das características de Javé no livro de Ezequiel. Por sua vez, a resposta corre grande perigo de ser redutora e se contentar com um dogma definitivo e irredutível. É justamente o que fazem os contemporâneos do profeta. Longe de se interrogarem, quando repetem o provérbio das uvas verdes, assumem uma resposta tanto simplista como tranquilizadora, e nela se fecham. É por isso que Ezequiel procura despertá-los e tirá-los do papel de vítimas que introjetaram, e no qual estão bloqueados, condenando-se a si mesmos a uma morte simbólica. É somente abandonando essa posição estéril, e assumindo individual e coletivamente sua parte de responsabilidade, que poderão se refazer, e ver enfim na crise, a ocasião que lhes é oferecida de uma nova caminhada.

Ezequiel toma parte no debate sobre as responsabilidades e convida para uma reflexão; reflexão com nuances, sem fatalismo, e tampouco redobrada sobre si mesma. Articulando as dimensões individual e coletiva quando se trata de compreender essas questões delicadas, mostra até onde as duas coisas estão imbricadas. Em todo caso, seja o que for, diz ele, o ser humano é chamado a estar atento quanto às consequências de seus atos, certo de que Javé jamais abandona seu aliado, mesmo quando este escolhe um caminho que leva à morte.

# 10
# A recepção do livro de Ezequiel

O livro de Ezequiel é um dos livros proféticos que inspiraram fortemente o imaginário neotestamentário. A ele se devem diversas imagens muito importantes, como a do Bom Pastor (Ez 34), que será retomada em João 10, ou a da nova Jerusalém (Ez 40–48), que encontramos no Apocalipse. Essas duas imagens dizem algo de Javé e da salvação que ele reserva para seu povo.

Em Ezequiel 34, a constatação da má governança dos reis humanos leva Javé a intervir de modo que ele mesmo guie e cuide de suas ovelhas (Ez 34,10-16). Com efeito, "os pastores que se apascentam a si mesmos" e "dominam sobre as ovelhas com violência e opressão" dispersaram o rebanho (Ez 34,2-6). João retoma essa imagem numa parábola em que Jesus se identifica com o Bom Pastor: ele não abandona nem deixa que se dispersem suas ovelhas, mas as protege, a ponto de dar a vida por elas (Jo 10,11-18).

No livro do Apocalipse, aquele que tem as visões é como um novo Ezequiel. Está em grande intimidade com Cristo ressuscitado. Após a última vitória de Cristo sobre seus inimigos (cf. Ez 38–39), João de Patmos é introduzido na nova Jerusalém, no novo Éden, onde se encontra a árvore da vida, à qual de novo se tem acesso (Ap 22,2-3). Lá, os servos de Deus poderão vê-lo sem morrer, e viver com ele numa verdadeira experiência de aliança (Ap 22,4-5).

Fiquemos também com a lembrança de que a visão inaugural do livro (Ez 1) é por si só uma fonte importante de inspiração. Na iconografia cristã, e em ligação com Isaías 6, o trono divino que o profeta vê é idêntico ao do Cristo em glória, cercado de anjos. Os quatro seres vivos, que são as figuras aladas na visão do carro divino, estão na origem do tetramorfo, imagem retomada em Apocalipse 4,7-8, e que desde São Jerônimo se tornará símbolo dos quatro evangelistas. Os elementos antropomórficos, em particular a aparência humana, de Ezequiel 1,26, foram interpretados como anúncios da encarnação do Verbo, e a grande afinidade dessas visões com o Apocalipse confere à visão de Ezequiel 1 uma dimensão escatológica que ela provavelmente não tem em seu contexto inicial.

A liturgia católica propõe mais extratos do livro de Ezequiel do que dos outros profetas, como Jeremias, por exemplo. Passagens de nosso livro figuram umas trinta vezes no lecionário, mas seus recortes, é preciso reconhecê-lo, muitas vezes são discutíveis. As leituras servem essencialmente para o tempo comum, mais raramente para as festas. O livro de Ezequiel ocupa, por exemplo, a 19ª e 20ª semana do tempo comum dos anos pares (por exemplo, para a 19ª semana: Ezequiel 1,2-6.24-28c na segunda-feira; Ezequiel 2,8–3,4 na terça; Ezequiel 9,1-7 e 10,18-22 na quarta; Ezequiel 12,1-12 na quinta; Ezequiel 16,1-15.59-60.63 na sexta; e Ezequiel 18,1-10.13b.30-32 no sábado). Ezequiel 2,2-5 é lido no 14º domingo do tempo comum do ano B, e Ezequiel 18,25-28 no 26º domingo do tempo comum do ano A etc. Certos capítulos são preferidos a outros. Particularmente para as festas, alguns extratos são tomados de Ezequiel 34 (o Bom Pastor) para a festa de Cristo Rei do ano A (Ez 34,11-12.15-17); para a do Sagrado Coração do ano C (Ez 34,11-16); Ezequiel 36,16-17a.18-28 é lido na vigília pascal, e Ezequiel 37,1-14 na vigília de Pentecostes. O episódio dos ossos reconduzidos à vida teve também grande influência na arte, pela força evocadora da imagem que suscita.

# 11
# O livro de Ezequiel, chave para compreender nossa cultura

O livro de Ezequiel teve grande influência cultural: a arte figurativa, a literatura, a música, o cinema, são outros tantos domínios artísticos que se inspiraram no livro de Ezequiel, sobretudo em suas visões.

Em relação com Ezequiel 6 temos representações da corte celeste em ábsides de numerosas igrejas. Sempre em ligação com esse texto, o imaginário presente em Ezequiel 1 favoreceu o desenvolvimento da angelologia e das representações de anjos, especialmente os querubins e o tetramorfo. Uma representação especialmente bela do tetramorfo, a de Rafael, se encontra na Galeria Palatina de Florença. Na arte cristã, as visões de Ezequiel também foram representadas muitas vezes intimamente ligadas às do Apocalipse. Por exemplo, a "queda de Lúcifer", de Palma, o Jovem, conservada na Galeria Borghese em Roma, na qual a queda do dragão (Ap 12,9) e a do príncipe de Tiro (Ez 28,14-18) se superpõem. O juízo final e a ressurreição dos mortos se misturam muitas vezes com a visão dos ossos reconduzidos à vida (Ez 37,1-14), por exemplo, no afresco de Luca Signorelli na capela de São Brício, em Orvieto. Mas a força evocadora dessa visão de Ezequiel foi representada já bem antes da Renascença. De fato, ela vem desde a época helenística, notadamente no grande afresco da sinagoga de Dura Europo, na atual Síria, a sinagoga mais antiga conhecida. Além das visões que impactam o imaginário, representações mais realistas, tiradas das metáforas animais presentes no livro de Ezequiel, têm sido igualmente representadas. Por exemplo, "a leoa e seus filhotes" (Ez 19,1-6), pintada por Giotto na capela dos Scrovegni, em Pádua.

Quanto a escritores, são numerosos os que se inspiraram no livro de Ezequiel, às vezes de maneira difusa, sem que se possa dar exemplos concretos: Dante, Milton, Blake, Poe, entre outros, foram certamente estimulados por essas visões e/ou pela figura pitoresca do profeta. Entre os autores cuja força literária é reconhecida, citemos dois representantes do Romantismo, cujo reconhecimento se explica provavelmente por certa afinidade ente esse movimento literário e as descrições, tanto visuais quanto fantásticas, do livro de Ezequiel: parece que Friedrich Schiller teria desejado aprender o hebraico para ler o livro de Ezequiel na versão original; e Victor Hugo colocou Ezequiel com Homero, Ésquilo, Juvenal e outros grandes autores da Antiguidade na "avenida dos gigantes inamovíveis do espírito humano". Segundo Victor Hugo, o profeta Ezequiel é um herói do progresso, no qual ele mesmo se inspira na luta contra toda forma de dominação humana, especialmente a da monarquia absoluta, como também na luta pela humanização do sistema penal e pela abolição da pena de morte.

No mundo da música, a influência do livro de Ezequiel também está presente. O *Livre d'orgue*, de Olivier Messiaen, se inspira na força de imaginação surrealista de Ezequiel 1. Uma das peças dessa composição de 1951 se intitula "Les yeux dans les roues". Podemos pensar também em alguns *Spiritual Songs*, que igualmente se inspiram em nosso profeta. Por exemplo, *Ezekiel Saw the Wheel*, um tipo de paráfrase de Ezequiel 1. Esse canto é muito conhecido nos Estados Unidos, e foi interpretado por artistas como Johnny Cash ou Louis Armstrong. Pensamos também em *Dem Bones*, uma versão de Ezequiel 37,1-14. Se essas passagens do livro de Ezequiel têm inspirado os autores dessas canções de escravos, talvez seja porque os afro-americanos, que deram origem a elas, se reconheciam nos exilados contemporâneos de Ezequiel.

Quanto à influência no cinema, podemos lembrar a representação do OVNI em *Rencontres du troisième type*, de Steven Spielberg. Inspirado em Ezequiel 1, o enorme aparelho voador, mas que parece leve, é inundado de luz, e suas rodas estão voltadas para o céu. Podemos lembrar ainda a cena de *La vita è bella*, de Roberto Benigni, em que Guido se encontra diante de uma montanha de cadáveres, numa espécie de visão onírica, que lembra o vale dos ossos de Ezequiel 37,1.

Como se vê, são sobretudo as visões no livro de Ezequiel que inspiraram essas representações, e, no meio delas, em especial a visão inaugural e a dos ossos. A força evocadora delas certamente ainda não terminou de inspirar os artistas.

# Conclusão

É desconcertante o livro que traz o nome de Ezequiel? Sim, sem sombra de dúvida! Mas o leitor não é deixado sozinho, entregue a si mesmo, para viajar pelos meandros daquilo que Ezequiel vai narrando no livro. Fazendo-se ele mesmo presente, o profeta torna o leitor testemunha de sua experiência e o acompanha no caminho dessa história desconcertante. Pouco a pouco, o leitor conseguirá crescer em confiança no "eu" do livro que se dirige a ele. Como um fio condutor, esse "eu" atravessa todo o livro e ajuda o leitor a não descoroçoar por causa de descontinuidades que lhe reserva o decorrer da leitura. Graças a tal guia seguro, ele aprenderá que para além das aparências a última palavra do profeta não é o escuro de uma crise difícil de superar; é antes um convite para esperar, e embalado por essa esperança, se abrir para dias melhores. O que esse "eu" afirma com força é que, no final da viagem, quando tudo, desde a criação até a aliança, estiver renovado, Javé mora junto com os seus, porque Javé está nesse lugar (Ez 48,35).

Mensageiro de um profundo pessimismo histórico, mas também de uma fé igualmente profunda, Ezequiel aspira por um mundo completamente transformado por Javé: nova criação para uma "ressurreição" (Ez 37,1-14); novo êxodo para uma restauração do povo em sua terra (Ez 20; 34; 36,24; 37,12-14), onde poderá viver em segurança e servir a Javé na aliança e na fidelidade (Ez 20,40; 36,8-15.24; 37,25-28; 47,1-12). Um novo Davi, cujo trono será estável, o guiará (Ez 37,24; cf. Ez 34), e então, quando tudo estiver restabelecido, Javé habitará com esse povo fiel (Ez 37,26; 40–48) numa aliança de paz perpétua (Ez 16,62; 36,28; 37,23.27). O mundo novo é ao mesmo tempo utopia e esperança. Numa linguagem mítica que visa abrir os horizontes aos exilados fechados sobre si mesmos, o profeta os convida a questionar suas evidências de maneira lúcida, longe de todo dogmatismo. É somente dessa maneira que Israel – e com ele o leitor – poderá viver a experiência de Ezequiel: tornar-se verdadeiramente humano, conservar-se em pé e caminhar para seu Deus e com seu Deus.

# Anexos

## Léxico

**Abominações/horrores:** Estas duas noções traduzem substancialmente duas palavras hebraicas, *to'ebah* e *siqqûs*. O primeiro termo designa a violação de uma lei ritual ou moral e visa muitas vezes a idolatria, sobretudo nos profetas. E os ídolos são muitas vezes definidos de *to'ebah*. Esse termo é usado 112 vezes no conjunto do Antigo Testamento e 41 vezes no livro de Ezequiel. O segundo termo, sinônimo do primeiro, é usado 26 vezes no total, das quais 8 vezes no livro de Ezequiel. Ele é quase exclusivamente empregado em ligação com a idolatria que leva Israel a tornar impura a terra santa (Ez 36,16-36). Quando ocorrem esses termos, trata-se de denunciar a infidelidade à aliança sob todas as formas, o que os profetas, e Ezequiel com eles, fazem incansavelmente.

**Altura/lugar alto:** O termo designa um lugar santo, um santuário, geralmente situado numa colina, natural ou artificial. De fato, tinha-se a convicção de que a altura aproximava da divindade. Com os profetas, e na ótica da centralização do culto no Templo de Jerusalém, a palavra "lugar alto" é sinônimo de lugar de culto aos deuses, e por isso tais lugares são denunciados como idolátricos.

**Aserá:** No plural, esse termo designa o conjunto das árvores plantadas num santuário consagrado a Baal (Dt 16,21; Jz 6,25-30). No singular, indica o nome da deusa da fertilidade, esposa de Baal.

**Babel/Babilônia:** Babel é o nome bíblico da Babilônia. Babel tem um valor mais mítico, e Babilônia, um sentido mais histórico. Na realidade, devem-se conservar os dois aspectos – o mítico e o histórico – para compreender bem o alcance e o papel dessa entidade na literatura profética.

**Tetramorfo:** Este termo designa os "quatro seres vivos" do carro da visão de Ezequiel 1,1-14. Retomados em Apocalipse 4,7-8, os Padres da Igreja reconheceram neles os quatro evangelistas: Marcos é representado por um leão, Lucas por um touro, Mateus por um homem e João por uma águia. Encontramo-los muitas vezes associados à representação do Cristo em majestade.

**Tiro:** Cidade da Fenícia meridional, a 35 quilômetros ao sul de Sidon. No tempo de Ezequiel e da redação do livro que traz seu nome, era uma cidade construída numa ilha. Daí era considerada um bastião inexpugnável. Sua cultura e atividade comercial essencialmente marítima teve grande irradiação por toda a bacia do Mediterrâneo. Fazendo construir um dique para unir Tiro à terra firme, é que Alexandre, o Grande pôde conquistar essa cidade em 332 d.C.

# Cronologia

| 800 a.C. | 750 a.C. | 700 a.C. | 650 a.C. | 600 a.C. | 550 a.C. | 500 a.C. |
|---|---|---|---|---|---|---|
| **Império assírio** | | | | | **Império persa** | |
| Adadenirari III | Tiglate-Pileser III | | Esaraddon | Assurbalite II | Ciro II, o Grande | Xerxes I |
| Salmanaser IV | Salmanaser V | | Assurbanipal | Fim do império assírio (609) | Cambises | |
| Assurdã III | Sargão II | Senaqueribe | | | Dario I | |
| Ashur-nirari V | | | | | Fim do império babilônico (538) | |
| | | | | **Império babilônico** | Nabonido | |
| | | | | Nabucodonosor II | | |
| **Egito** | | | | | | **Domínio persa (525-402)** |
| Pimay | Piê | Xabaca | Tanutamon | Necao II | Apriés | Amósis II |
| Sisaque V | | Taraca | Psamético I | | | |
| | | Xabataca | | | | |
| **Reis de Israel** | | Fim do Reino de Israel (722/721) | | | | |
| Jeroboão II | Manaém | | | | | |
| | Peca | | | | | |
| | Oseias | | | | | |
| **Reino de Judá** | | | | Fim do Reino de Judá (587) | | |
| Uzias | Jotão | Ezequias | Manassés | Josias | Sedecias | |
| | Acás | | | | Joaquim | |
| | | | | | Primeira tomada de Jerusalém | |
| **Os profetas** | | | | | | |
| | Oseias | | Naum | Sofonias | Habacuc | |
| | Amós | | | Jeremias | Ezequiel | Isaías 3 |
| | Isaías 1 – Miqueias | | | | Abdias ? | Ageu |
| | | | | | Isaías 2 | Zacarias 1 |

Anexos 135

# Mapas

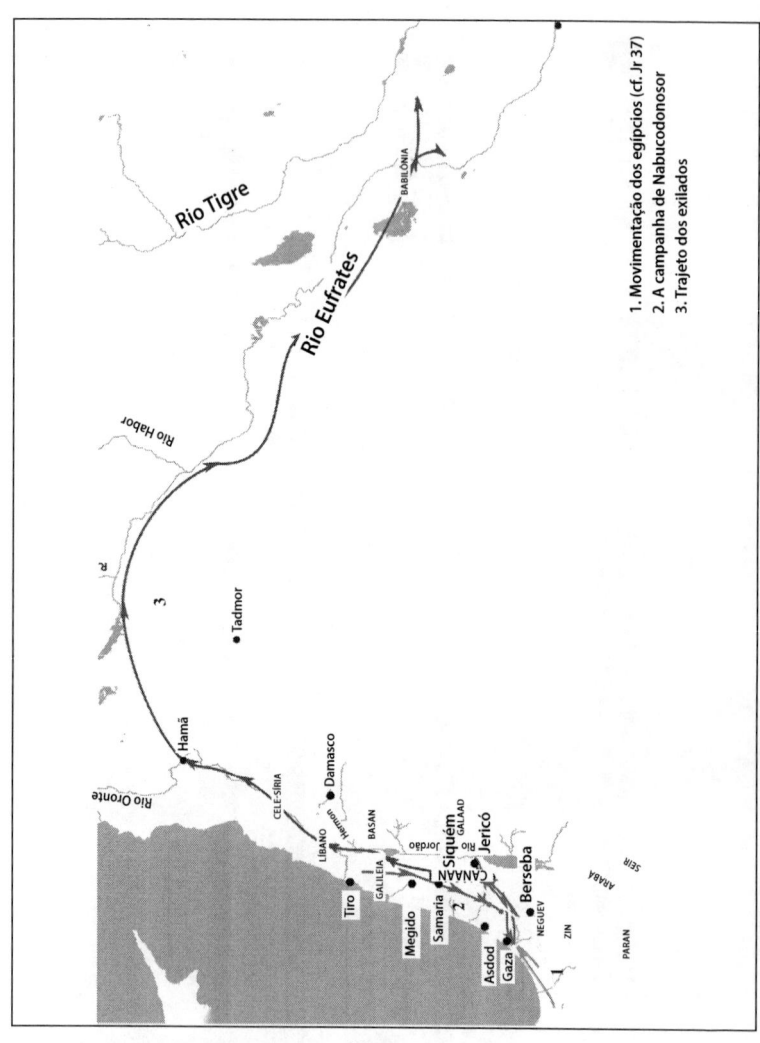

**Mapa 1**

1. Movimentação dos egípcios (cf. Jr 37)
2. A campanha de Nabucodonosor
3. Trajeto dos exilados

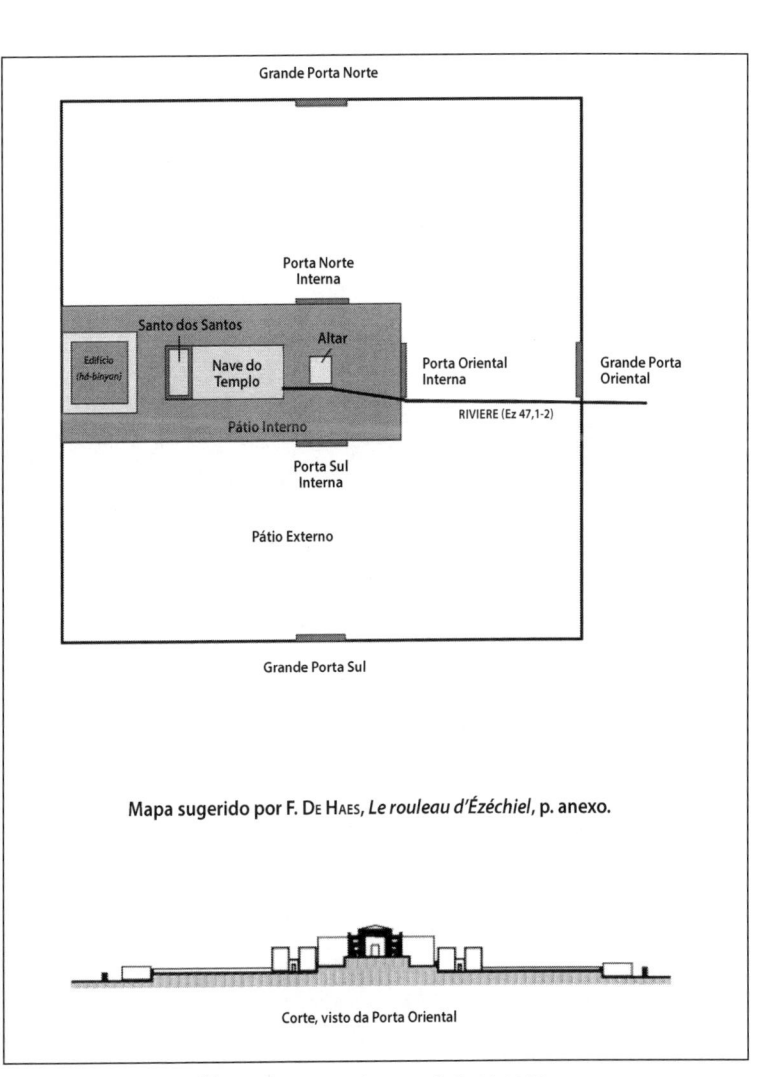

Mapa sugerido por F. De Haes, *Le rouleau d'Ézéchiel*, p. anexo.

Corte, visto da Porta Oriental

**Mapa 2** – O Templo segundo Ez 42,16-20

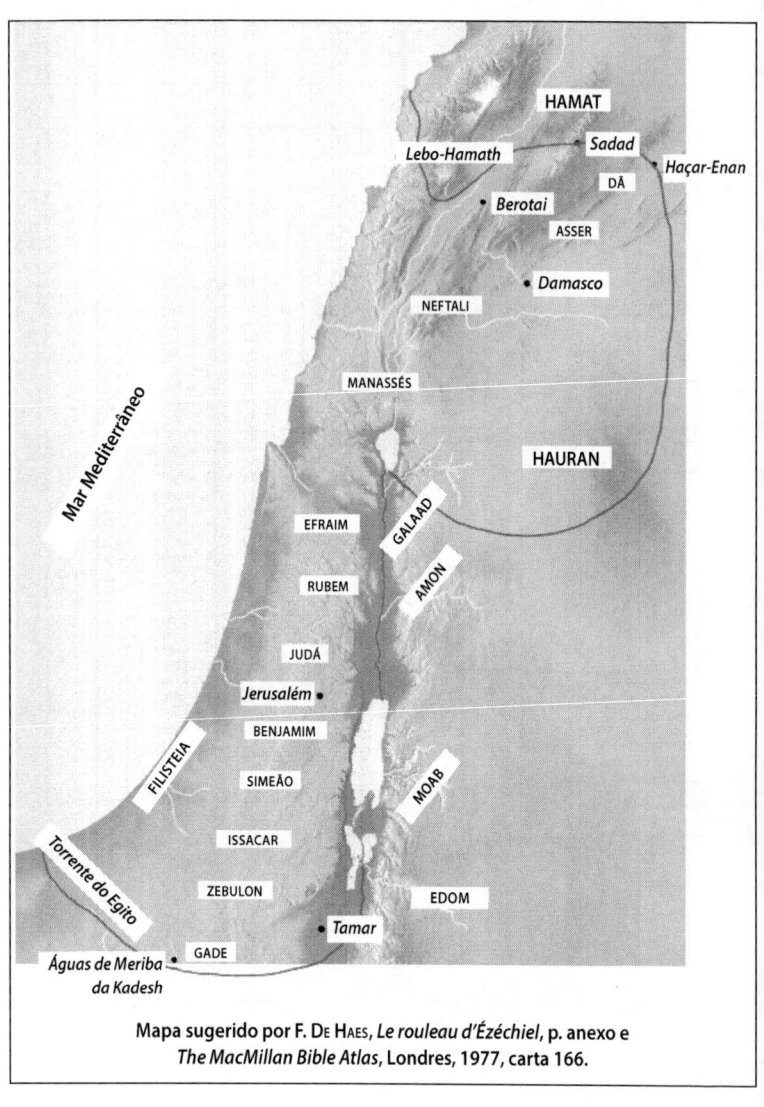

Mapa sugerido por F. De Haes, *Le rouleau d'Ézéchiel*, p. anexo e *The MacMillan Bible Atlas*, Londres, 1977, carta 166.

**Mapa 3** – Repartição das tribos de Israel conforme Ez 47,13–48,29

# Bibliografia

DE HAES, F. *Le Rouleau d'Ézéchiel* (Le livre et le rouleau, 54). Namur-Paris: Lessius, 2019.

NIHAN, C. Ézéchiel, in: RÖMER, T.; MACCHI, J-D.; NIHAN, C. (orgs.). *Introduction à l'Ancien Testament* (Le monde de la Bible, 49). Genève: Labor et fides, 2009, 439-458.

ROSENBERG, J. Jérémie et Ézéchiel, in: ALTER, R.; KERMODE, F. (orgs.), *Encyclopédie littéraire de la Bible*. Paris: Bayard, 2003, 231-255.

## Uma introdução global em inglês

LYONS, M. A. *An Introduction to the Study of Ezekiel* (T&T Clark Approaches to Biblical Studies). London/New Delhi/New York/Sidney: Blommsbury, 2015.

## Um comentário científico

ALLEN, L. C. *Ezekiel* (Word Biblical Commentary, 28-29). 2 v. Nashville/Dallas: Word Books, v. I, 1990; v. II, 1994.

**Edições Loyola**

**editoração impressão acabamento**

Rua 1822 n° 341 – Ipiranga
04216-000 São Paulo, SP
**T** 55 11 3385 8500/8501, 2063 4275
www.loyola.com.br